Jonglieren ist *keine* Kunst

viel Spaß!

Martin Apolin

Jonglieren ist *keine* Kunst

Edition Aragon

Zu diesem Buch wird eine Diskette mit Jonglier-Simulationen beim Verlag Edition Aragon erscheinen.

2. Auflage 2002

Neumarkt 7-9
D-47441 Moers

Lektorat: Willi Klauke
Satz: S&ES, Vettelschoß
Belichtung: Fotosatz Klaußner, Köln
Druck: Memminger MedienCentrum AG
ISBN 3-89535-426-0
Printed in Germany

Inhaltsverzeichnis

Einleitung

Jonglieren ist Spiel, Artistik, Rhythmus und vor allem Spaß.

Jonglieren ist das Spiel mit der Schwerkraft, weil man ständig gegen sie ankämpfen muß.

Jonglieren ist die Emanzipation der linken Hand, weil ein Jongleur keine schlechtere (linke) Hand haben darf.

Jonglieren ist eine Kunst, aber es ist keine Kunst, es zu lernen. Man wird zwar als durchschnittlich Begabter vielleicht nie mit 7 Bällen jonglieren können, aber sehr viele tolle Tricks, vor allem mit drei Bällen, lassen sich von jedem erlernen. Voraussetzung: man geht methodisch richtig Schritt für Schritt vor, versucht nicht gleich zu Beginn die schwerste Figur und hat Geduld.

Es gibt inzwischen eine recht große Zahl von Jonglierbüchern. Die meisten dieser Bücher beginnen mit Vorübungen mit einem Ball, und ein paar Seiten weiter findet man schon Passingvariationen für 7 Personen und 29 Keulen. Die Tricks sind meist nur kurz beschrieben, und es sind selten ausführliche Vorübungen angegeben.

Dieses Buch ist anders. Es ist »nur« auf Bälle beschränkt und beinhaltet etwa 30 Dreiballtricks. Diese sind jedoch mit sehr vielen Vorübungen beschrieben, mehr als in jedem anderen Jonglierbuch zu finden sind. Dadurch hat jeder die Chance, nur mit Hilfe des Buches auch kompliziertere Figuren zu erlernen.

Dieses Buch wird Dir eine wertvolle Hilfe sein auf dem Weg zur guten Dreiballjonglage. Es kann Dir jedoch nur die Impulse geben; Jonglieren heißt üben, üben, üben... .

Bevor Du Dich in das Abenteuer stürzt, solltest Du noch die folgenden allgemeinen Hinweise lesen.

Die Bälle

Im Prinzip kann man mit allen runden Gegenständen gut jonglieren. Es ist später sogar lustig und abwechslungsreich, auch einmal mit Basketbällen oder Nüssen zu jonglieren. Für den Anfänger eignen sich jedoch die sogenannten Bean-Bags am besten. Diese sind in allen Jongliergeschäften und manchmal sogar auch in großen Spielwarengeschäften zu bekommen. Sie sind mit Körnern gefüllt und weich und haben dadurch zwei Vorteile: erstens springen sie nicht so leicht aus der Hand, und zweitens bleiben sie immer sofort am Boden liegen. Bei Tennisbällen ist das nicht so. Und Du willst doch nicht den Großteil der Zeit damit verbringen, den Bällen nachzulaufen?!

Es gibt diese Bean-Bags von 25g bis 500g. Für den Anfang sollten die Bälle etwa 120g bis 150g haben. Sind sie zu leicht, bekommt man Probleme mit der Genauigkeit der Würfe und mit dem Fangen. Sind sie zu schwer, so wird man sehr schnell müde. Die Bälle müssen auf jeden Fall so klein sein, daß Du zwei davon problemlos in einer Hand halten kannst.

Die Körperhaltung

Wer schon einmal einen Jongleur im Zirkus oder auf der Straße beobachtet hat, dem ist die spielerische Leichtigkeit aufgefallen, mit der die Nummern durchgeführt werden. Nun, diese spielerische Leichtigkeit kommt von der – spielerischen Leichtigkeit.

Das klingt zwar etwas dumm, bedeutet aber, daß man eine Bewegung nur dann rund, locker und harmonisch durchführen kann, wenn man dabei wirklich nur die Muskeln anspannt, die für die Durchführung der Bewegungen benötigt werden.

Du mußt beim Jonglieren immer darauf achten, daß vor allem die Schultern, der Nacken und das Gesicht locker bleiben. Es hilft Dir nämlich sicher nicht beim Jonglieren, wenn Du das Gesicht zu einer Grimasse verzerrst.

Auch wenn es einem nicht bewußt wird, hat man doch immer die Angst, daß ein Ball herunterfallen könnte. Wenn man in einen unkoordinierten Notstand gerät, also kurz vor dem Herunterfallen der Bälle, dann bietet man unter Anspannung sämtlicher Muskeln noch einmal alles, um das zu verhindern. Auch während des Jonglierens kann einem die »Angst im Nacken sitzen«, und man zieht die Schultern hoch und den Kopf zurück. Darunter leidet natürlich die gesamte Koordination. Du mußt Dich also von dieser Angst lösen. Wenn ein Ball fällt, dann kann man sowieso nichts mehr machen. Außerdem: »Bücken macht den Meister«.

Achte auch darauf, daß Du immer auf dem ganzen Fuß stehst und sich das Körpergewicht in der Mitte des Fußes befindet. Hänge nicht auf den Fußballen und verlagere das Gewicht des Körpers nicht zu weit nach vorne.

Immer bevor Du zu jonglieren beginnst, also nach jedem Fallen der Bälle, solltest Du Deine Körperhaltung kurz auf die oben beschriebenen Kriterien überprüfen. Wenn Du dann schon besser und sicherer jonglierst, solltest du auch während des Übens immer mehr auf die Körperhaltung achten.

Haltung: Zu viel Vorlage

Haltung: Die Schultern sind hochgezogen

Haltung: Kopf zu sehr zurückgezogen

Richtige Jonglierhaltung

Aufwärmen und Zeiteinteilung

Es ist immer günstig, wenn Du Dich vor dem Beginn des eigentlichen Übens aufwärmst. Das kann schon einfach dadurch geschehen, daß Du die normale Kaskade eine Zeitlang jonglierst. In völlig kaltem Zustand werden Dir schwierigere Figuren ganz sicher nicht gelingen. Du kannst natürlich auch zu Beginn ein paar Dehnungsübungen für Arme, Nakken und Schultern einstreuen.

Mache während des Übens öfters kurze Pausen und lockere die Arme. Auch Dehnungsübungen zwischendurch sind lockernd und entspannend. Grundsätzlich gilt für das Üben: »Mäßig, aber regelmäßig«. Es ist besser, jeden Tag 10 bis 15 Minuten zu üben als einmal in der Woche eine Stunde lang.

Jonglieren ist auch eine Frage der Kondition. Das heißt nicht, daß dadurch Deine Muskeln ins Unermeßliche wachsen, sondern einfach, daß längeres Jonglieren durchaus müde macht, so daß man eventuell noch am nächsten Tag etwas unkoordiniert ist.

Wenn Du in Höhe der Augen oder der Stirn jonglierst, dann machst Du bei einer normalen Kaskade 150 bis 200 Würfe pro Minute, das sind immerhin bis zu 100 schnelle Bewegungen pro Arm. Bei längerem Üben läppert sich da ganz schön was zusammen.

Jonglieren ist eine sehr sensible Betätigung, vor allem, wenn man schwierige Tricks übt. Wenn man aus irgendwelchen Gründen einen schlechten Tag hat, an dem nichts klappt, dann sollte man nicht mit Gewalt versuchen, sein Pensum zu absolvieren. Laß es bleiben, sonst vergeht Dir womöglich der Spaß am Jonglieren. An anderen Tagen geht es dafür wieder wie geschmiert.

Zum Gebrauch dieses Buches

Die Übungen in diesem Buch sind nicht der Schwierigkeit nach geordnet, sondern nach ähnlichen Bewegungsmustern eingeteilt. Grob gesprochen gibt es die Grundtechniken Kaskade, verkehrte Kaskade bzw. Rückwärts-Kaskade, Halbshower, Shower und Säulen. Die ersten drei sind vom Bewegungsablauf her sehr ähnlich. Der Shower ist etwas anders, da hier ein Ball übergeben bzw. aus kurzer Entfernung geworfen wird. Bei den Säulen wechseln die Bälle nicht die Hände. Alle anderen Figuren in diesem Buch leiten sich in irgendeiner Form von diesen fünf Grundmustern ab.

Die Tabelle zu Beginn soll Dir einen Überblick geben, welche Tricks Du in diesem Buch finden kannst, welche Vorkenntnisse notwendig sind oder günstig wären, und mit welchem Schwierigkeitsgrad die Grundausführung dieses Tricks einzustufen ist (1 = leicht, 5 = sehr schwer). Diese Einteilung ist subjektiv und muß nicht immer auch Deinem Empfinden entsprechen. Sie soll Dir aber helfen, nicht an einer Übung mit hohem Schwierigkeitsgrad zu scheitern, weil Du noch nicht so weit bist.

Übrigens: die Übungserweiterungen sind natürlich schwieriger einzustufen als der Grundtrick. Jeden dritten Ball auf den Kopf legen hat den Schwierigkeitsgrad 3, legt man aber jeden Ball auf den Kopf, so wäre das wahrscheinlich mit 5 zu beurteilen.

Es ist zu empfehlen, zu Beginn jene Tricks mit niedrigem Schwierigkeitsgrad zu erlernen und nicht etwa alle kaskadeähnlichen Tricks durchzuprobieren. Ein günstiger Weg wäre, zunächst einmal die Grundmuster zu erlernen, so wie das in anderen Sportarten der Fall ist. Erst dann solltest Du an die schwierigeren Figuren herangehen.

Je nach Talent oder Geduld kannst Du natürlich einige oder alle Vorübungen auslassen und den Trick gleich im Ganzen ausprobieren. Trotzdem haben diese Vorübungen Sinn und sind der Praxis entnommen. Wer Probleme mit der fertigen Figur hat, der kann ein oder zwei Übungen zurückgehen und den Fehler dort unter erleichterten Bedingungen ausmerzen. Wenn man keine Vorübungen kann oder weiß, ist das unmöglich.

Simulationen auf Diskette

Eine Erklärung kann noch so gut sein, sie ersetzt nie eine Vorführung. Die Tricks aus diesem Buch sind daher auch als Animation auf Diskette zu bestellen. Die Darstellung der Figuren in dieser Form ist völlig neuartig, daher auch einzigartig, und hat viele Vorteile. Die Simulationen können in Zeitlupe, als Einzel- oder Standbild in aller Ruhe betrachtet werden. Die Qualität dabei ist wesentlich höher als bei einer Videocassette. Auch der Preis der Diskette liegt deutlich unter dem eines Videobandes. Außerdem gibt es noch eine Vielzahl zusätzlicher Optionen, wie das Ein- oder Ausblenden der Hände. Kurz: die Diskette ist ein Muß für alle Jonglierbegeisterten. Der Name der Diskette ist »Shower« und sie wird ebenfalls im Verlag Edition Aragon erscheinen.

Viel Spaß beim Ausprobieren der Übungen und »keep on juggling«.

Übung	Schwierigkeit	notwendige Vorübungen	empfohlene Vorübungen
Kaskade	1		
Kaskade mit gestreckten Armen	2	Kaskade	
Kaskade über dem Kopf	3	Kaskade	
Kaskade unter dem Bein	2	Kaskade	
Krallen	3	Kaskade	
Flash	3	Kaskade	
Kaskade mit überkreuzten Armen	3	Kaskade	
Flash und überkreuzte Arme	5	Flash und Kaskade mit überkr. Armen	
Kaskade mit Rückenwurf	3	Kaskade	
Back Cross	5	Kaskade mit Rückenwurf	
Apfel essen	3	Kaskade	
Ball auf den Kopf legen	3	Kaskade	Apfel essen
Holzhacker 1	3	Kaskade	Ball auf Kopf legen
Holzhacker 2	4	Holzhacker 1	
Rückwärtskaskade	2		Kaskade; Kaskade »am Boden zerstört«
Kaskade »am Boden zerstört«	1		Rückwärtskaskade

Übung	Schwierigkeit	notwendige Vorübungen	empfohlene Vorübungen
Tennis	2	Kaskade, Rückwartskaskade	
Tennis verkehrt	3	Tennis	
Windmühle	3		Kreis
Mills' Mess	4	Windmühle	Tennis verkehrt
Wasserfall	5	Kreis	
Förderband	4		Kreis
Shower	3		Kreis
Wippe	5		Shower
Säulen	2		
Hantel	2	Säulen	
Jo-Jo	2	Säulen	Hantel
überkreuzende Säulen	2	Säulen	
wandernde Säulen	2	Säulen	überkreuzende Säulen
»taktlose« Säulen	3	Säulen	
Säulen mit Tragen	3	Säulen	

In 10 Schritten zur Kaskade

Die Kaskade ist die Grundfigur der Dreiballjonglage und wird immer als erste Figur erlernt. Die Bälle beschreiben dabei in etwa die Form eines liegenden Achters. Der in der Abbildung strichlierte Teil zeigt den Bereich, in dem die Bälle getragen werden. Nur einer von 1000 schafft es, diese Figur, wenn er das erste Mal drei Bälle zur Hand nimmt, sofort zu jonglieren. Falls Du der eine bist, kannst Du die nächsten Seiten überspringen. Für alle anderen ist hier ein Übungsweg aufgezeigt, mit dem es für jeden möglich ist, die Figur in kurzer Zeit zu erlernen. Für die Eiligen sind vor allem die Übungen 3, 6 und 9 wichtig.

Alle Abbildungen sind in diesem Buch zur besseren Übersicht seitenverkehrt gezeichnet, so als würde man vor einem Spiegel stehen. Außerdem wird angenommen, daß Du Rechtshänder bist und Deine stärkere Hand daher die rechte ist.

Keinen Ball werfen

Die Butler-Stellung

Die richtige Grundstellung ist für das Jonglieren sehr wichtig. Stell Dich ohne Bälle gerade hin und winkle die Unterarme so an, als ob Du wie ein Butler ein Tablett halten würdest. Die Ellbogen sind dabei zwar nahe dem Körper, aber nicht angepreßt, die Handflächen zeigen nach oben. Diese Haltung sollte während des Jonglierens nicht verlassen werden. Diese Übung mag zwar banal erscheinen, aber beobachte Dich einmal, während Du Bälle wirfst. Du wirst sehen, daß das Einhalten dieser Position gar nicht so leicht ist.

Denke auch immer an das, was Du in der Einleitung gelesen hast: keine Vorlage, Kopf nicht zwischen den Schultern,... .

Einen Ball werfen

1. Übung

Nimm einen Ball in die rechte Hand und nimm die Butler-Stellung ein. Wirf den Ball, so daß er etwa stirnhoch fliegt und wieder in der rechten Hand landet. Achte dabei auf folgende Dinge:

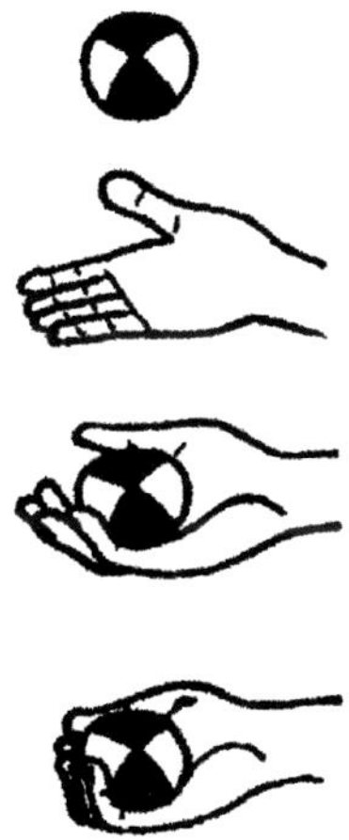

- ➤ Der Wurf sollte hauptsächlich aus dem Handgelenk erfolgen und nicht aus dem Unterarm.
- ➤ Die Finger sollten sich genau dann schließen, wenn der Ball auf der Hand auftrifft. Das ist für später wichtig, wenn man mit vielen Bällen jongliert, damit der Ball nicht aus der Hand springt.
- ➤ Laß den Ball nicht auf die Hand aufplatschen. Wenn der Ball auf der Hand auftrifft, so gib etwas mit dem Unterarm nach. Wenn Du dann sofort den nächsten Wurf machst, so entsteht dabei eine weiche und runde Bewegung.
- ➤ Der Ball sollte sich beim Flug nicht drehen.
- ➤ Übe solange, bis die Würfe halbwegs regelmäßig sind und die Bälle immer etwa gleich hoch fliegen.
- ➤ Übe diese wie auch alle folgenden Übungen auch mit der linken Hand.

2. Übung

Nimm einen Ball in die rechte Hand und wirf ihn in einem stirnhohen Bogen in die linke Hand. Wenn Du den Ball gefangen hast, dann wirf ihn wiederum in einem Bogen in die rechte Hand zurück usw. Vergiß dabei nicht die Dinge, die Du bisher schon zu beachten gelernt hast. Achte zusätzlich auf folgendes:

➤ Der höchste Punkt der Flugbahn sollte etwa in Stirnhöhe sein.

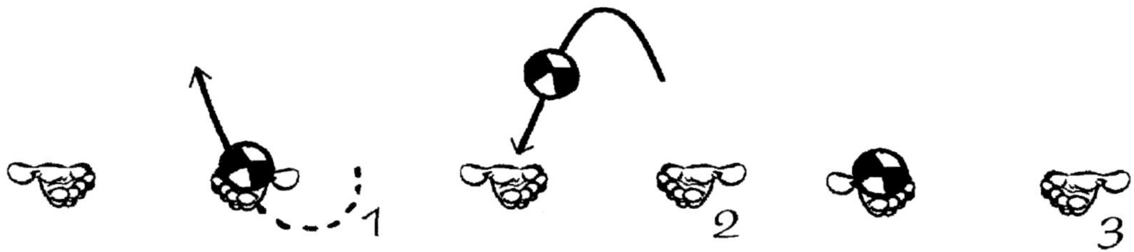

➤ Übe immer vor einer hellen und möglichst einfarbigen Wand. Der Ball/die Bälle sollten immer einen guten Kontrast zum Hintergrund haben.

➤ Denke Dir eine Wand, vor der Du stehst. Der Wurf sollte immer parallel zu dieser Wand erfolgen. Gehe erst zur nächsten Übung, wenn Dir das tatsächlich gelingt. Wenn Du Dir hier einen Fehler angewöhnst, ist er später nur sehr schwer zu beheben.

3. Übung

Beim Jonglieren sieht man im allgemeinen nicht auf die Hände. Das hast Du aber vermutlich bis jetzt getan. Führe Übung 2 nochmals durch und verfolge dabei den Ball nur im obersten Bereich mit den Augen. Dadurch schulst Du das sogenannte periphere Sehen, also die Konzentration auf Dinge, die man nur aus den Augenwinkeln sieht. Das ist das A und O für spätere, schwierigere Figuren.

4. Übung

Nimm jetzt einen zweiten Ball in die rechte Hand und halte ihn mit kleinem Finger, Ringfinger und Daumenballen. Führe nun Übung 3 durch, wobei Du den zweiten Ball in der beschriebenen Stellung hältst, ohne ihn zu werfen. Diese Situation findest Du immer zu Beginn und am Ende des Jonglierens vor.

- ➤ Wenn Du diese Übung beherrschst, so nimm den zweiten Ball in die linke Hand.
- ➤ Beherrschst Du diese Übung mit links, so nimm einen Ball in jede Hand. Vergiß bei dieser Übung nicht die Dinge, die Du bei Übung 1 und 2 gelernt hast.

Zwei Bälle werfen

5. Übung

Bei dieser Übung werden das erste Mal zwei Bälle geworfen. Das ist ein relativ großer Sprung in der Schwierigkeit der Durchführung. Die 5. Übung besteht darin, zwei Bälle zu werfen, sie jedoch nicht zu fangen. Man beginnt mit je einem Ball in einer Hand. Zunächst wird der rechte Ball wie gewohnt geworfen. Der zweite Ball wird genau dann geworfen, wenn der erste Ball den höchsten Punkt seiner Flugbahn erreicht hat. Der Bewegungsablauf entspricht der Abbildung auf der folgenden Seite, nur ohne Fangen. Dadurch, daß man die Bälle nicht fängt, kann man sich besser auf das Werfen konzentrieren. Aus der Lage der Bälle am Boden und aus dem Rhythmus des Aufpralls kann man Ungenauigkeiten besser erkennen. Es werden bei dieser Übung im allgemeinen folgende Fehler gemacht:

- ➤ Der zweite Ball wird nur übergeben, jedoch nicht geworfen. Konzentriere Dich in diesem Fall vor allem auf das Werfen des zweiten Balles und sage Dir im richtigen Rhythmus laut »werfen, werfen« vor.

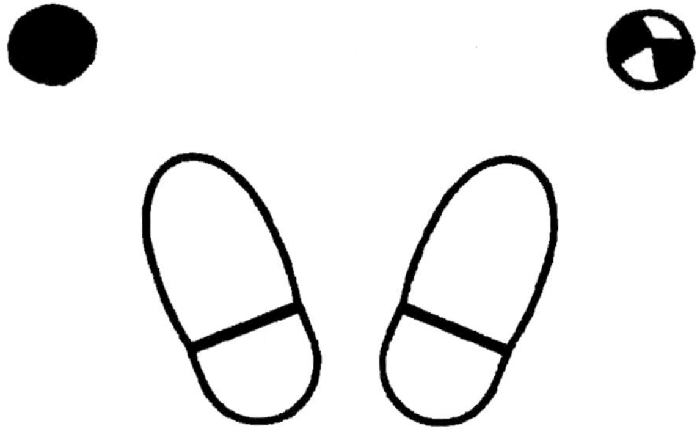

➤ Die Bälle fliegen ungleich hoch, oder der zweite Ball wird zu früh geworfen. Auch in diesem Fall gilt das oben Geschriebene.

➤ Beobachte die Lage der Bälle, nachdem sie auf den Boden gefallen sind. Die Bälle sollten symmetrisch zu den Füßen und etwa eine Fußlänge von den Zehenspitzen entfernt liegen. Bei den meisten Anfängern liegt ein Ball zu weit vorne. Ist das der Fall, so kann man diese Übung knapp vor einer Wand durchführen. Auf jeden Fall sollte man erst zur nächsten Übung weitergehen, wenn dieser Fehler behoben ist. Man sollte diese Übung auch einige Zeit mit der linken Hand als erster Wurfhand üben.

6. Übung

Diese Übung ist wie Nr. 5, allerdings werden beide Bälle gefangen. Der Rhythmus von »werfen, werfen, fangen, fangen« ist völlig regelmäßig. Ist er das nicht, so sollte man am besten zu Übung 5 zurückgehen und den Abwurfrhythmus nochmals ohne Fangen üben.

Wenn man bei dieser Übung mit links und rechts sicher ist, dann wirft man abwechselnd links und rechts. Die Pause dazwischen kann man immer mehr verkürzen, bis ein kontinuierliches und rundes Muster entsteht.

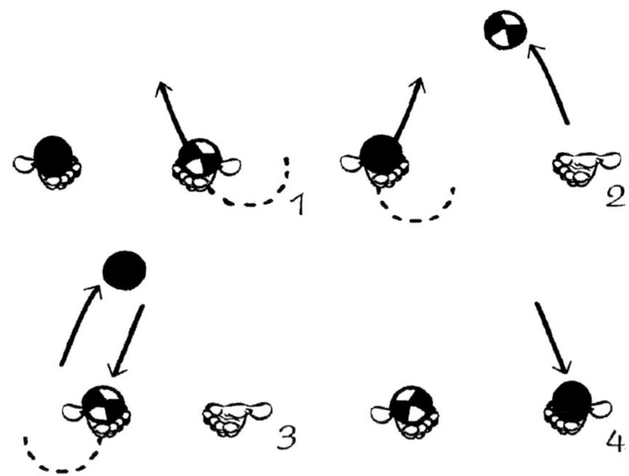

7. Übung

Nun nimmt man noch einen dritten Ball (wie bei Übung 4) in eine der Hände und führt die vorige Übung aus.

Drei Bälle werfen

8. Übung

Jetzt werden zum ersten Mal alle drei Bälle geworfen, jedoch – wie bei Übung 5 – noch nicht gefangen. Beginne mit zwei Bällen in Deiner besseren Hand. Wirf die Bälle rechts, links und wieder rechts und zwar jedesmal, wenn der vorige Ball den höchsten Punkt seiner Flugbahn erreicht hat.

➤ Der Rhythmus der am Boden aufprallenden Bälle muß gleichmäßig erfolgen. Unregelmäßigkeiten sind entweder auf rhythmisch ungleichmäßige Abwürfe oder auf unterschiedlich hohe Würfe zurückzuführen (oder auf beides).

➤ Die Lage der Bälle sollte wieder wie bei Übung 5 sein. Um zu erkennen, ob der erste oder der dritte Wurf fehlerhaft war, sollte man in der rechten Hand zwei verschiedenfarbige Bälle benutzen und sich auch merken, welchen der Bälle man zuerst geworfen hat. Beim neuerlichen Üben sollte man dann besonders auf den fehlerhaften Abwurf achten.

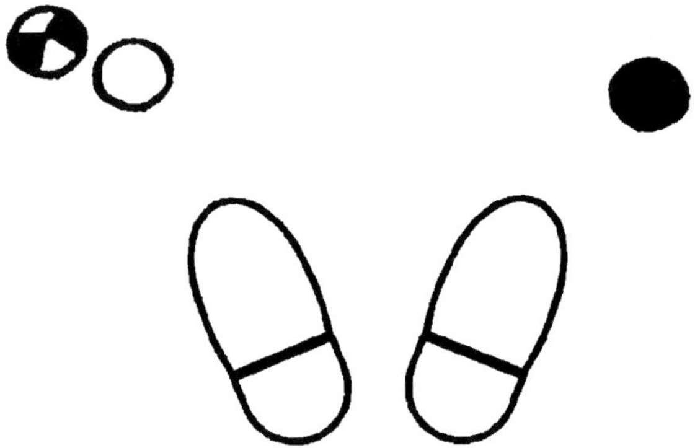

➤ Wenn man diese Übung mit zwei Bällen in der rechten Hand beherrschst, dann sollte man unbedingt auch mit zwei Bällen in der linken Hand üben. Da diese Übung schwerer ist, wird sie oft zu sehr vernachlässigt.

9. Übung

Jetzt sind wir eigentlich schon bei der Kaskade angekommen. Der Bewegungsablauf entspricht der fertigen Figur. Allerdings wird zunächst nur dreimal geworfen und gefangen. Das Fangen von zwei Bällen in einer Hand hast Du ja schon in Übung 4 und 7 probiert.

Man beginnt wiederum mit zwei Bällen in der besseren Hand. Nach der Übung befinden sich die beiden Bälle in der schlechteren Hand.

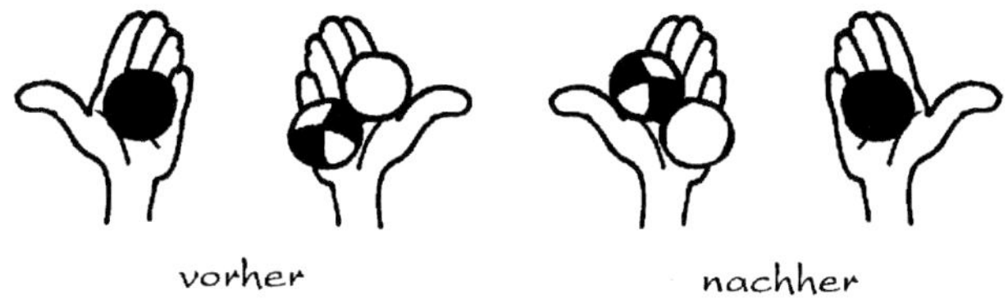

➤ Übe nicht zu lange dreimal werfen, sondern probiere zwischendurch, ob auch schon vier oder mehr Würfe möglich sind. Sonst könnte es Dir passieren, daß Du diese Bewegung so sehr einübst und daß Du später Probleme hast, den vierten Ball zu werfen.

- Übe immer mit drei verschiedenfarbigen Bällen, um zu kontrollieren, ob sich die Bälle tatsächlich in der richtigen Hand befinden.
- Übergib nach der Übung zunächst einen Ball aus der schlechteren Hand und führe die Übung wiederum mit rechts als erster Wurfhand durch. Später übe mit links zuerst und dann ohne Übergeben abwechselnd links und rechts mit jeweils einer kurzen Pause.

10. Übung

Nun bist Du bei der fertigen, fortlaufenden Kaskade angelangt. Versuche zunächst viermal, fünfmal, usw. zu werfen. Wichtig ist, daß die Jonglage immer kontrolliert bleibt. Es ist besser, fünfmal kontrolliert zu werfen, als zehnmal unrhythmisch und chaotisch. Du solltest aber zwischendurch versuchen, wie viele Würfe Du nun schon schaffst. Diese Übung kann auch sehr gut mit einem Partner geübt werden. Stellt Euch gegenüber auf, einer hat drei Bälle in der Hand. Der erste wirft dreimal im richtigen Rhythmus, der Partner fängt auf. Nach einer kurzen Pause wirft der Partner zurück. Auf diese Art und Weise muß man sich entweder nur auf das Werfen oder nur auf das Fangen konzentrieren.

Bei der Kaskade treten immer wieder dieselben Fehler auf, die – zusammen mit Lösungsmöglichkeiten – in der Tabelle dargestellt sind.

Fehler	Korrekturmöglichkeiten
Ball wird übergeben und nicht geworfen	zweimal werfen ohne zu fangen, Konzentration auf den Wurf; mit der schlechteren Hand beginnen
ein Ball wird zu weit nach vorne geworfen	nur einen oder zwei Bälle werfen, Konzentration auf die Wurfebene; jonglieren vor einer Wand oder auf den Knien; zweimal werfen ohne zu fangen, Kontrolle der Lage der Bälle;
Abwurf immer zu spät	Helfer oder Übender selbst gibt akustisches Signal, wenn der zuvor geworfene Ball den höchsten Punkt erreicht hat
Jonglage wird nach wenigen Würfen immer kleiner	der Abwurf erfolgt evt. immer zu spät, Korrektur siehe oben
Schultern und Hände zu hoch	eine oder mehr Übungen zurück und Konzentration auf die richtige Armhaltung
Jonglage zu eng	eine oder mehr Übungen zurück und Konzentration auf die richtige Handhaltung
Bälle stoßen zusammen	entweder ist der Rhythmus falsch oder die Bälle werden unterschiedlich hoch geworfen – eine oder mehr Übungen zurück

Übungserweiterungen

Wenn man die Kaskade jonglieren kann ist man noch lange nicht perfekt (das ist man leider nie). Es gibt zahlreiche Möglichkeiten, die Kaskade runder, gleichmäßiger und vor allem sicherer zu machen.

- ➤ Jongliere mit ungewohnten Bällen. Schon Tennisbälle erschweren die Kaskade, da sie leichter aus der Hand springen. Reizvoll ist auch das Jonglieren mit Tischtennisbällen, Volleybällen, Basketbällen, ...
- ➤ Jongliere mit drei verschieden schweren oder großen Bällen. Es ist dann gar nicht so leicht, die Bälle im gleichen Rhythmus immer gleich hoch zu werfen.
- ➤ Jongliere sehr hoch oder sehr klein. Wenn die Bälle sehr hoch fliegen, hat man zwar länger Zeit, doch Wurffehler machen sich stärker bemerkbar, und die Bälle fallen mit größerer Geschwindigkeit in die Hand.
- ➤ Gib mit einem Metronom einen bestimmten Takt vor, wobei Du bei jedem, oder jedem zweiten Schlag einen Ball abwirfst. Stelle das Metronom immer schneller, so daß Du in Zeitdruck kommst.
- ➤ Jongliere auf einem Bein stehend, im Knien, im Gehen oder Laufen oder wenn Du auf einem schmalen Gegenstand balancierst. Das erschwert die Jonglage, da ein Teil der Aufmerk-

samkeit für das Halten des Gleichgewichts aufgewendet werden muß.

- ➤ Jongliere vor einem bunten Hintergrund oder bei schlechten Lichtverhältnissen. Das Gehirn braucht dann länger zur Verarbeitung der Information, die Kaskade wird schwieriger.
- ➤ Schau beim Jonglieren durch die Kaskade hindurch. Das ist eine sehr wichtige Übung zur Schulung des peripheren Sehens und eine wichtige Vorübung für das Passing (Zuwerfen von Jongliergegenständen).
- ➤ Jongliere die Kaskade unter dem Bein, über dem Kopf oder mit gestreckten Armen.

Kaskade mit gestreckten Armen

Die Arme werden dabei senkrecht und gestreckt nach unten gehalten, die Hände sind rechtwinkelig gebeugt und zeigen nach innen. Die Handflächen weisen dabei die ganze Zeit nach oben. In dieser Stellung werden die Bälle geworfen und gefangen. Da die Arme nicht gebeugt werden sollten, müssen die Würfe sehr genau erfolgen.

Beginne dazu wie bei der normalen Kaskade mit den Vorübungen für einen und zwei Bälle. Wenn Du merkst, daß Du sicherer wirst, dann probiere auch mit dem dritten Ball. Du kannst natürlich auch versuchen, direkt aus der normalen Kaskade die Arme abzusenken und kontinuierlich in diesen Trick überzugehen.

Falls es Dir nicht gelingen sollte, die Arme tatsächlich gestreckt zu lassen, so kannst Du Dir mit einem kleinen Trick helfen: stülpe über die Ellbogen Kartonröhren, wie sie für Poster u.ä. verwendet werden. Dann wird es Dir beim besten Willen nicht gelingen, die Arme zu beugen.

Kaskade über dem Kopf

Strecke beide Arme senkrecht in die Höhe, die Handgelenke sind rechtwinkelig gebeugt, so daß die Handflächen nach oben weisen. In dieser Stellung versuchst Du, die Kaskade zu jonglieren. Die Armhaltung ist dabei so ähnlich, als würdest Du am Rücken liegend zu jonglieren versuchen (was natürlich möglich ist). Die Bälle befinden sich dabei immer senkrecht über dem Kopf. Als Vorübung kannst Du Dir einige Übungen zur Kaskade aussuchen, um Dich an diese Armhaltung zu gewöhnen. Beginne zunächst nur mit einem Ball und steigere Dich dann über zwei Bälle zur Kaskade.

Um aus der Kaskade in diese Position zu gelangen, kannst Du einen Ball etwas höher werfen und in dieser Zeit die beiden Hände, die je einen Ball halten, über den Kopf bringen. Wesentlich eleganter, aber schwieriger ist es, aus der normalen Kaskade die Arme kontinuierlich über den Kopf zu bringen.

Kaskade unter dem Bein

Es gibt verschiedene Möglichkeiten, unter dem Bein zu jonglieren. Am einfachsten ist folgender Trick: Du bestimmst einen Ball, der unter den Beinen durchgeworfen wird. Immer, wenn dieser Ball in eine der Hände gelangt, hebst Du das Bein derselben Seite und wirfst den Ball von außen unter dem Bein durch.

1. Übung

Hebe das rechte Bein, so daß der Oberschenkel waagrecht ist und der Unterschenkel locker herabhängt. Greife mit der rechten Hand von außen zur Mitte des rechten Oberschenkels. Du wirst sehen, daß Du gerade das Handgelenk umklappen kannst, um unter den Oberschenkel zu gelangen. Das heißt, daß auch der Wurf ziemlich aus dem Handgelenk erfolgen muß.

Nimm nun einen Ball in die rechte Hand und wirf ihn aus dem Handgelenk unter dem rechten Bein durch. Obwohl der Ball tiefer unten geworfen wird, sollte er so hoch fliegen wie bei der normalen Kaskade. Fange den Ball mit der linken Hand und wirf ihn normal zurück, um die Flughöhen zu vergleichen. Übe eine Zeitlang unter dem rechten Bein und wechsle dann die Seite. Wenn Du auch links geübt hast, dann wirf immer unter dem Bein durch.

2. Übung

Wenn Du Dich an diese Würfe gewöhnt hast, dann nimm einen zweiten Ball und führe Übung 6 der Kaskade durch, also zweimal Werfen mit Fangen. Der erste Ball wird dabei immer unter dem Bein durchgeworfen.

- ➤ Achte darauf, daß beide Würfe gleich hoch sind.
- ➤ Versuche dabei immer, den Rücken gerade zu lassen. Ein krummer Rücken sieht nicht sehr elegant aus. Damit Dir das gelingt, mußt Du – wie oben erwähnt – aus dem Handgelenk werfen.

3. Übung

Jongliere nun die Kaskade und wirf zunächst ab und zu einen Ball unter dem rechten Bein durch. Warte, bis sich danach die Jonglage wieder beruhigt hat. Mit der Zeit kannst Du die Häufigkeit der Unterbeinwürfe steigern, bis Du jeden zweiten Ball der rechten Hand unter dem Bein wirfst. Das Bein wird dazwischen immer wieder auf den Boden gestellt. Probiere dasselbe auch auf der linken Seite.

Nun versuche, immer denselben Ball unter dem Bein zu werfen, und zwar sowohl von links als auch von rechts. Es wird daher im Walzerrhythmus bei jedem dritten Wurf ein Ball (immer derselbe) unter dem Bein durchgeworfen.

4. Übung

Besonders effektvoll ist es auch, jeden rechten Ball unter dem rechten Bein durchzuwerfen. Du stehst also nur auf dem linken Bein, das rechte ist immer gehoben. Das größte Problem bei diesem Trick ist eigentlich, daß man das Gleichgewicht nicht verliert. Das Werfen selbst ist nicht so schwierig.

5. Übung

Es gibt noch eine Variation dieses Tricks. Greife mit der rechten Hand unter dem Oberschenkel durch, am besten unter dem Knie. In dieser Stellung läßt Du nun die Hand und jonglierst eine normale Kaskade. Die Bälle werden dabei wie bei der normalen Kaskade geworfen, nur die rechte Hand ist immer unter dem Bein.

Es ist sehr effektvoll, wenn Du diese Übungen miteinander verbindest, also zuerst Übung 3, dann 4 und dann 5.

Krallen

Dieser Trick wird im Prinzip genauso wie die normale Kaskade jongliert, mit einer Ausnahme: die Bälle werden nicht von unten, sondern von oben her gehalten, also eben gekrallt. Die Handrücken zeigen dabei immer nach oben. Der Rhythmus der Figur ist sonst ganz derselbe wie bei der Kaskade. Trotzdem ist diese Übung gar nicht so leicht, wie sie beim Zusehen vielleicht aussieht.

Um diese Figur zu erlernen, gibt es zwei Möglichkeiten: entweder Du gehst jene Übungen der Reihe nach durch, die bei der Kaskade beschrieben sind, mit dem Unterschied, daß Du alle Bälle krallst. Oder Du versuchst, das Krallen direkt aus der Kaskade zu lernen.

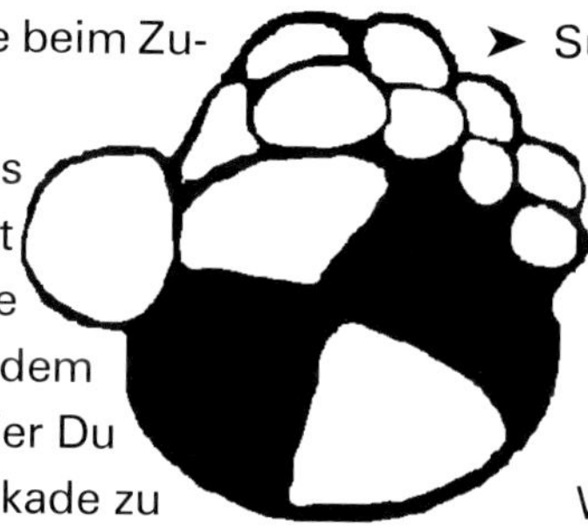

Dabei kannst Du folgende Übungsmöglichkeiten ausprobieren:

- ➤ Suche Dir einen Ball aus und kralle ihn immer dann, wenn er in die rechte Hand kommt. Du krallst daher rechts jeden dritten Ball, links jonglierst Du normal. Wenn Du das rechts beherrschst, dann übe links.
- ➤ Du krallst jeden zweiten Ball, der in die rechte Hand fällt, und wenn Du das kannst, sogar jeden. Auch das mußt Du fleißig mit links üben.
- ➤ Such Dir einen Ball aus und kralle ihn immer, wenn er in eine der Hände fällt, egal ob links oder rechts.
- ➤ Wenn Du diese Übungen beherrschst, dann kannst Du versuchen, jeden Ball zu krallen.

Wichtig bei diesem Trick ist, die Abwurfphase zu betonen. Im Gegensatz zur Kaskade wird der Ball länger gehalten und erst knapp vor Erreichen des höchsten Punktes abgeworfen bzw. einfach fallengelassen. Außerdem wird der Ball auch schon etwas weiter oben gefangen bzw. von oben gegriffen, weil er dann noch keine so hohe Ge-

schwindigkeit hat und nicht so leicht aus der Hand springt. Ziehe die Hände knapp vor Deinem Körper vorbei, damit die Bälle nicht zu sehr nach vorne wegfliegen.

Flash

Beim Flash werden aus der normalen Kaskade alle drei Bälle kurz hintereinander viel höher als sonst geworfen. Es befinden sich dann kurze Zeit alle Bälle in der Luft. Diese Zeit kann man nutzen, um in die Hände zu klatschen, sich um die eigene Achse zu drehen, ...

Die Schwierigkeit bei dieser Figur liegt darin, daß man es nicht gewohnt ist, Bälle aus so großer Höhe zu fangen. Da die Geschwindigkeit der Bälle beim Auftreffen auf die Hand wesentlich größer ist, sind sie auch schwerer zu fangen. Die Vorübungen

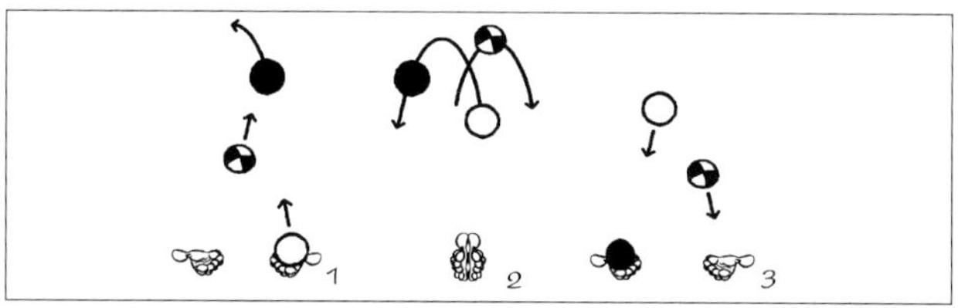

müssen daher ein Gefühl für hoch geworfene Bälle vermitteln.

1. Übung

Nimm einen Ball und wirf ihn im Achter von einer Hand in die andere. Achte darauf, daß Du die Höhe immer mehr steigerst.

2. Übung

Wenn Du etwas sicherer geworden bist, dann nimm in jede Hand einen Ball und führe Übung 6 der normalen Kaskade durch (zweimal werfen und fangen). Wichtig ist dabei immer der hohe Wurf. Die Bälle können ruhig 1,5 bis 2 Meter über Deinem Kopf sein (achte auf den Kristall-Luster). Der Rhythmus bleibt jedoch gleich, d.h. der Abwurf des zweiten Balles darf erst erfolgen, wenn der erste den höchsten Punkt erreicht hat.

3. Übung

Nimm dann drei Bälle und führe Übung 9 der normalen Kaskade aus, also dreimal werfen, dreimal fangen.

Die Bälle dürfen nicht nur aus dem Handgelenk geworfen werden sondern aus dem ganzen Arm, damit sie eine ordentliche Höhe erreichen. Achte aber darauf, daß die Genauigkeit der Würfe bei dieser Übung nicht zu sehr nachläßt, bevor Du zu den nächsten Übungen weitergehst.

4. Übung

Übe nun aus der fortlaufenden Kaskade. Wirf einen Ball aus der besseren Hand sehr hoch und jongliere dann normal weiter. Übe dann auch mit der schlechteren Hand. Wenn Du diese Übung beherrschst, dann wirf zwei Bälle aus der Kaskade kurz hintereinander sehr hoch und jongliere normal weiter. Übe den Doppelwurf auch mit links beginnend.

5. Übung

Nun versuche, alle drei Bälle kurz hintereinander abzuwerfen und wieder aufzufangen. Wenn Du sicherer wirst, kannst Du, wie oben erwähnt, verschiedene Bewegungen »einstreuen«, um die Sache noch spannender zu machen.

Kaskade mit überkreuzten Armen

Kreuze Deine Arme und versuche so zu jonglieren. Als Vorübungen eignen sich alle Übungen, die Du auch bei der Kaskade findest. Übe zuerst nur mit einem Ball, denn durch das Überkreuzen der Arme ist man zu Beginn reichlich verwirrt. Erhöhe, wie bei der Kaskade beschrieben, langsam den Schwierigkeitsgrad der Übungen, bis Du die Kaskade mit überkreuzten Armen beherrschst.

- Es gibt zwei Möglichkeiten, die Arme zu kreuzen, entweder ist der rechte Arm der obere oder der linke. Du wirst automatisch so kreuzen, wie es Dir angenehmer ist. Probiere jedoch auch die andere Möglichkeit aus.
- Wenn Du die Kaskade beherrschst, kannst Du auch andere Tricks mit überkreuzten Armen probieren. Die Rückwärtskaskade (wird später noch genauer beschrieben) wird Dir vielleicht sogar leichter fallen.

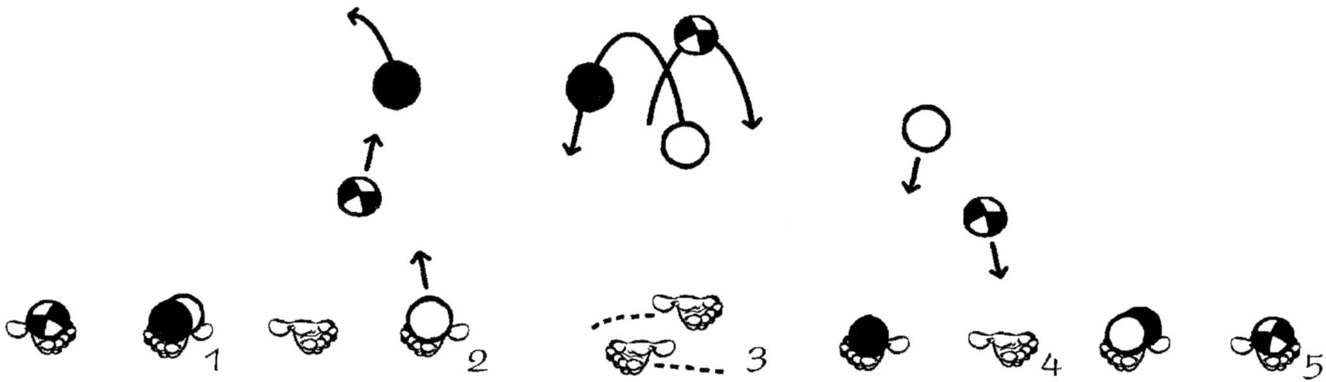

zu Übung 2: Flash mit überkreuzten Armen

Flash und überkreuzte Arme

Der Trick mit den überkreuzten Armen ist alleine schon sehr beeindruckend. Besonders gut sieht es aber aus, wenn er in einer Reihe von Tricks präsentiert wird. Ein möglicher Übergang von der normalen Kaskade zu der mit gekreuzten Armen ist der Flash.

Der Trick sieht so aus: Du jonglierst die normale Kaskade und machst einen Flash. Während alle Bälle in der Luft sind, kreuzt Du die Arme und jonglierst mit überkreuzten Armen weiter. Der Trick ist wahrlich »nicht ohne«, und Du benötigst sicher wieder einige Vorübungen.

1. Übung

Beginne mit einem Ball in jeder Hand. Wirf nacheinander mit rechts beginnend beide Bälle wie bei einem Flash in die Höhe und kreuze die Arme, während die Bälle in der Luft sind. Fange beide Bälle mit gekreuzten Armen auf und mache eine kurze Pause. Dann wirfst Du die Bälle wieder hoch und bringst die Hände wieder in die normale Stellung, bevor die Bälle in die Hände fallen.

Lege besonderen Wert auf das Werfen aus der überkreuzten Stellung. Das ist deshalb schwierig, weil der Beschleunigungsweg der unteren Hand sehr kurz ist.

2. Übung

Nimm zwei Bälle in die rechte Hand und einen in die linke. Führe dieselbe Übung wie oben durch, aber diesmal mit drei Würfen. Wenn Du die Bälle gefangen hast, wirf sie aus der überkreuzten Position wieder zurück. Es müssen immer dieselben Bälle in den Händen sein, da sich sowohl die Bälle als auch die Hände kreuzen. Die beiden Bälle bleiben also immer in der rechten Hand.

3. Übung

Übe nun aus der fortlaufenden Kaskade. Wirf einen Flash und jongliere mit gekreuzten Armen weiter. Mache wieder einen Flash und so weiter. Besonders gut sieht es aus, wenn man Flash an Flash reiht, einmal gekreuzt, einmal normal. Dieser Trick ist allerdings auch einigermaßen schwer.

Kaskade mit Rückenwurf

Für diesen Trick ist es wichtig, daß man gut aufgewärmt und beweglich in den Schultern ist. Sonst besteht im Extremfall sogar die Möglichkeit, daß man sich etwas zerrt. Bei dieser Figur wird ein Ball statt vor dem Körper, entlang des Rückens über die Schulter in die andere Hand geworfen. Weil das viel länger dauert als ein normaler Wurf, muß der nachfolgende Ball höher als bei der Kaskade geworfen werden.

1. Übung

Beginne wie immer mit einem Ball und nimm ihn in die rechte Hand. Stelle Dich so, daß nichts Zerbrechliches in der Nähe herumsteht, sicher ist sicher. Führe die Hand hinter den Rücken und wirf den Ball so, daß er entlang des Rückens über die linke Schulter nach vorne fliegt und in der linken Hand landet. Danach wirfst Du den Ball mit links hinter dem Rücken und fängst vorne und so weiter.

➤ Man ist versucht, den Ball zu früh loszulassen. Hab' Erbarmen mit Deiner Wohnungseinrichtung und laße Dir lange Zeit, bis Du den Ball abwirfst. Wenn Du die Finger etwas mehr krümmst als sonst, wird Dir das sehr helfen.

➤ Wirf den Ball so, daß er etwa 30 bis 40 cm über Deine Schulter fliegt.

2. Übung

Nimm in jede Hand einen Ball. Wirf mit rechts hinter dem Rücken. Wenn dieser Ball über der linken

Schulter den höchsten Punkt erreicht hat, dann wirf den linken Ball in die rechte Hand. Du kannst nun entweder wieder rechts zuerst werfen und erst später die andere Seite üben oder gleich von Anfang an abwechselnd werfen.

3. Übung

Bei Übung 2 hattest Du noch sehr viel Zeit, um den Ball hinter dem Rücken zu werfen. Nun wirfst Du zuerst den linken Ball vor dem Körper in die rechte Hand. Wenn dieser Ball den höchsten Punkt erreicht hat, sollte der Abwurf mit rechts hinter dem Körper erfolgen. Ziehe die rechte Hand schnell wieder nach vorne und fange den ersten Ball auf, danach den zweiten Ball mit der linken Hand.

- ➤ Diese Übung ist wesentlich schwerer als die zweite, da Du durch den zuerst geworfenen Ball in Zeitnot gerätst. Vergiß trotzdem nicht, den Wurf hinter dem Rücken lange zu ziehen, bevor Du den Ball ausläßt.
- ➤ Um den Rückenwurf zu erleichtern, wirf den ersten Ball etwas höher als sonst.

4. Übung

Nun versuche, aus der Kaskade einen Ball hinter dem Rücken zu werfen und danach die Jonglage wieder zu beruhigen und normal weiterzujonglieren. Dieser Trick ist vor allem deshalb schwierig, weil man zu dem Ball über die Schulter blickt, während man den vor dem Körper blind fangen muß. Und das will eben geübt sein.

- ➤ Wirf zu Beginn vor dem Körper etwas höher, um Dir Zeit zu geben.
- ➤ Wirf zu Beginn nur selten hinter dem Rücken, aber übe auch immer links. Wenn Du den Trick besser beherrschst, kannst Du die Frequenz der Rückenwürfe erhöhen.
- ➤ Eine tolle Übungserweiterung ist es, jeden Ball einer Hand hinter dem Rücken zu werfen und den der anderen vor dem Körper. Diese Übung ist dann ein Halbshower um den Körper herum.

Back Cross

Das ist der ultimative Trick mit Würfen hinter dem Rücken. Er ist allerdings auch sauschwer und wird Dir vielleicht erst nach vielen Monaten des Übens gelingen. Bei diesem Trick wirfst Du jeden Ball hinter dem Rücken ab und fängst vorne. Die Voraussetzung dazu ist natürlich die Beherrschung der Kaskade mit Rückenwurf.

- ➤ Du mußt dazu links und rechts jeden Ball hinter dem Rücken werfen können.
- ➤ Übe dann, zwei Bälle hintereinander hinter dem Rücken zu werfen, dann drei Bälle, ...
- ➤ Verzweifle nicht, der Trick ist sehr, sehr schwer.

Apfel essen

Dieser Trick ist sicher einer der gefragtesten unter den Jongleuren, weil er zwei Kriterien erfüllt: er ist auch in der Grundausführung sehr spektakulär und andererseits recht einfach zu erlernen. Der Trick ist, während der Kaskade einen Apfel zu essen, den man in dieser Kaskade jongliert.

Da das Fangen und Abbeißen länger dauert als ein normaler Wurf, muß man den nachfolgenden Ball etwas höher werfen, wie es in der Abbildung verdeutlicht wird.

1. Übung

Übe zunächst mit Bällen, da diese etwas robuster sind als Äpfel. Jongliere eine Kaskade und wirf aus der linken Hand einen Ball, den Du vorher bestimmst, viel höher als sonst. Warte, bis der Ball den höchsten Punkt erreicht hat, und jongliere dann normal weiter.

2. Übung

Nun versuchst Du, in der Zeit, die Du durch den hohen Wurf des linken Balls zusätzlich gewinnst, den Ball in der rechten Hand zu den Lippen zu führen und erst dann zu werfen. Der Abwurf muß trotzdem wieder dann erfolgen, wenn der hohe Ball seinen höchsten Punkt erreicht hat, also Beeilung!

- ➤ Übe solange, bis die Bewegung des Balles zum Mund schon sehr schnell geht und Du den nachfolgenden Ball daher nicht mehr so hoch werfen mußt.
- ➤ Übe auch, die Lippen nicht nur zu berühren, sondern mit dem Ball kurz an ihnen zu verharren. Das Abbeißen dauert nämlich etwas länger als die Berührung.

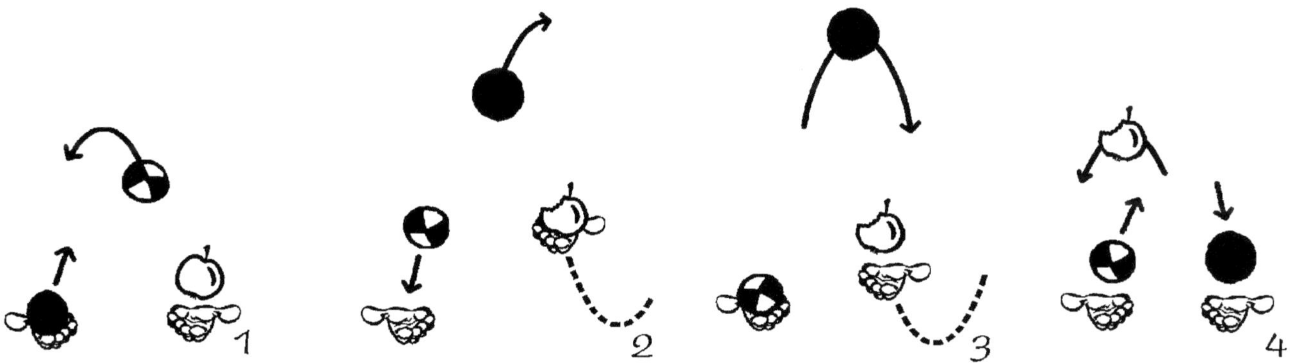

3. Übung

Wenn die Sache mit dem Ball gut funktioniert, kannst Du einen Apfel nehmen und wirklich abbeißen. Die Sache wird dadurch schwieriger, weil der Apfel und die Bälle nach einigen Bissen etwas glitschig werden. Du mußt daher vor Deinem ersten Auftritt unbedingt einmal mit richtigen Äpfeln probiert haben.

4. Übung

Zunächst übst Du den Trick so, daß Du nur einen Apfel jonglierst und immer nur mit rechts abbeißt. Es gibt jedoch noch zahlreiche schwierigere Variationen.

- Probiere mit drei Äpfeln zu jonglieren und versuche, von jedem zweiten Apfel in der rechten Hand abzubeißen.
- Beiße von jedem Apfel aus der rechten Hand ab.
- Beiße nur von einem Apfel ab, aber sowohl links als auch rechts.
- Der beste, aber auch schwierigste Trick ist, von allen Äpfeln links und rechts abzubeißen.
- Du kannst auch einen Obstsalat jonglieren, etwa einen Apfel, eine Orange und eine Banane. Paß auf, daß Du dabei vom richtigen Obst abbeißt.

Ball auf den Kopf legen

Wenn Du den Trick mit dem Apfel beherrschst, ergibt diese Figur sich fast automatisch, da sie im Rhythmus genau gleich ist. Der Trick ist dabei, den Ball aus der rechten Hand nicht zu werfen, sondern auf den Kopf zu legen und ihn so abrollen zu lassen, daß er wieder in die Jonglage fällt. Statt den Ball zum Mund zu führen, wird er auf den Kopf gelegt. Der nachfolgende Ball muß also wie beim Apfelessen etwas höher geworfen werden.

1. Übung

Bevor Du den Trick im Ganzen probierst, solltest Du zunächst einmal das Rollen des Balles über den Kopf ausprobieren. Lege den Ball mit der rechten Hand so auf den Kopf, daß er nach links vorne herunterrollt, und lasse ihn in die linke Hand fallen. Dann lege den Ball mit der linken Hand auf den Kopf und so weiter.

2. Übung

Jongliere die Kaskade, wirf den linken Ball etwas höher und lege den rechten Ball auf den Kopf. Der weitere Rhythmus ist: den aus links geworfenen Ball mit rechts fangen, den linken Ball abwerfen und den vom Kopf fallenden Ball auffangen (das soll Dir nur als Kontrolle dienen, weil es sich von selbst ergibt). Danach jonglierst Du die Kaskade weiter.

Der Ball, der mit der rechten Hand gefangen wird, wird nicht so tief unten wie sonst gefangen, sondern bei der Abwärtsbewegung der Hand, die ja gerade den Ball auf den Kopf gelegt hat, praktisch mitgenommen.

3. Übung

Die Steigerung der Schwierigkeit ist folgende:

- ➤ Zunächst legst Du mit rechts jeden dritten Ball (also immer denselben) auf den Kopf.
- ➤ Lege jeden zweiten Ball mit der rechten Hand auf den Kopf. Übe auch mit links.
- ➤ Lege immer denselben Ball auf den Kopf, aber links und rechts.

Die größte Schwierigkeit ist es, jeden Ball einer Hand auf den Kopf zu legen. Die Bälle beschreiben dann einen Kreis. Die Hand, die den Ball auf den Kopf legt, ist immer oben, greift den Ball an der höchsten Stelle und legt ihn auf den Kopf. Die andere Hand ist dabei immer unten.

Holzhacker

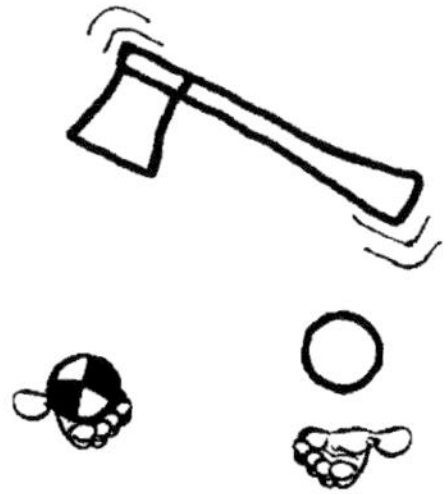

Der Holzhacker ist eine sehr schnelle Figur, bei der die Bälle auch getragen werden. Die Bewegung der Bälle ist im Prinzip wie bei der normalen Kaskade. Statt aber jeden Ball, den Du gerade fängst, mit einem schönen runden Bogen nach unten abzubremsen, »hackst« Du ihn. Hacken bedeutet, daß Du den Ball in einem sehr schnellen Bogen vom Rand bis in die Mitte der Jonglage bewegst und ihn dort erst abwirfst. Während also bei der Kaskade der Rhythmus fangen-werfen-fangen-werfen... ist, ist er beim Holzhacker fangen-hacken-werfen-fangen-hacken-werfen... . Man könnte auch sagen, daß der Bogen des geführten Balls im Gegensatz zur normalen Kaskade nach oben geklappt ist. Aber zunächst einmal einige Vorübungen.

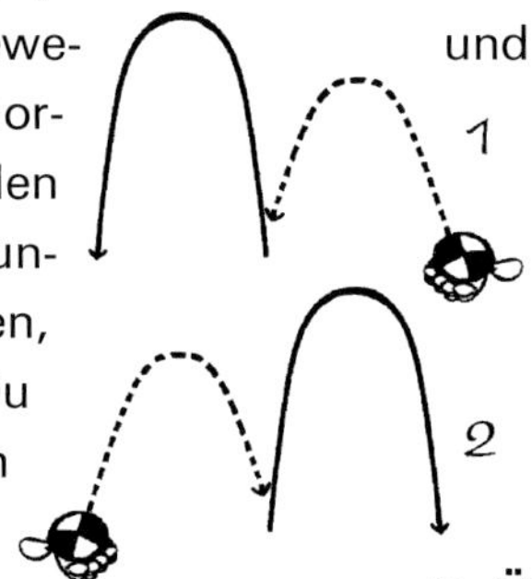

1. Übung

Nimm zunächst einmal nur einen Ball in die rechte Hand und führe die Bewegung durch, die in der Zeichnung dargestellt ist, also zuerst rechts hacken und werfen. Dann links fangen, hacken und werfen und so weiter.

- Übe solange, bis Du die Übung im Schlaf und ohne Nachdenken durchführen kannst.
- Mache auf keinen Fall eine Pause zwischen Fangen und Hacken.

2. Übung

Jongliere die normale Kaskade. Suche Dir einen Ball aus und hacke ihn immer nur mit der rechten Hand. D.h. mit der linken Hand bleibt alles beim alten, mit der rechten hackst Du jeden dritten Ball.

Du wirst dabei schon merken, daß Du den Ball, der während des Hackens von links nach rechts geworfen wird, etwas höher werfen mußt als normal.

Sonst reicht die Zeit nicht aus, um zu hacken, zu werfen und den nachfolgenden Ball zu fangen.

Eine der Grundbedingungen des Jonglierens, nämlich den nächsten Ball immer dann zu werfen, wenn der vorhergehende am höchsten Punkt ist, bleibt bestehen. Du hackst den rechten Ball unter dem linken durch und mußt die Bewegung beendet haben, wenn der nachfolgende Ball den höchsten Punkt erreicht hat. Dann mußt Du ihn abwerfen.

Die Hackbewegung muß natürlich auch sehr gut mit links geübt werden, da der Holzhacker ja eine symmetrische Figur ist.

3. Übung

Nun steigerst Du etwas das Tempo und hackst jeden zweiten Ball, der in die rechte Hand kommt. Die linke Hand jongliert normal weiter. Wenn Du das Tempo mit rechts beherrschst, übe mit links.

4. Übung

Die letzte Übung am Weg zum Holzhacker ist folgende: Du suchst Dir nun wieder einen Ball aus und hackst ihn, wann immer er in eine der Hände kommt. Diese Übung ist deswegen sehr wichtig, weil die Bewegungen von links und rechts synchronisiert. Wenn Du diese Übung jonglierst, sollte sich der Rhythmus hack-2-3-hack-2-3... ergeben.

5. Übung

Die Zielübung ist nun, jeden Ball, der in eine der Hände kommt, zu hacken.

- Damit Dir das zeitlich gelingt, mußt Du die Jonglage - zumindest zu Beginn - etwas größer machen, als Du das von der normalen Kaskade gewohnt bist.
- Wie schon oben erwähnt, muß der Abwurf trotzdem immer zu dem Zeitpunkt erfolgen, an dem der nachfolgende Ball den höchsten Punkt erreicht.
- Zu Beginn wirst Du die Bälle noch ziemlich streicheln. Denke jedoch daran, daß die Figur 'Holzhacker' heißt und versuche daher, die Bälle unter gesamtkörperlichem Einsatz tatsächlich zu hacken.

Holzhacker 2

Die bekanntere, aber auch schwierigere, Holzhakkerversion ist diese. Bei diesem Trick werden die Bälle nicht unter der Jonglage, sondern über ihr gehackt. Diese Figur ist deshalb ziemlich schwierig, weil der gehackte Ball sehr hoch geführt werden muß. Die Figur hat aber, gut vorgeführt, zweifellos ihre Reize.

Da der Ball, den Du z.B. mit rechts hackst, über dem aus der linken Hand geworfenen vorbei muß, empfiehlt es sich in diesem Fall, die Bälle niedrig zu jonglieren. Du wirst auch merken, daß sich der Rhythmus und die Dynamik gegenüber Holzhakker 1 etwas verschieben. Die Abbildung zeigt den Weg der geworfenen und gehackten Bälle. Bei Holzhacker 1 wären die stichlierten Linien die der getragenen Bälle, die durchgezogenen die der geworfenen. Bei Holhacker 2 ist es genau umgekehrt.

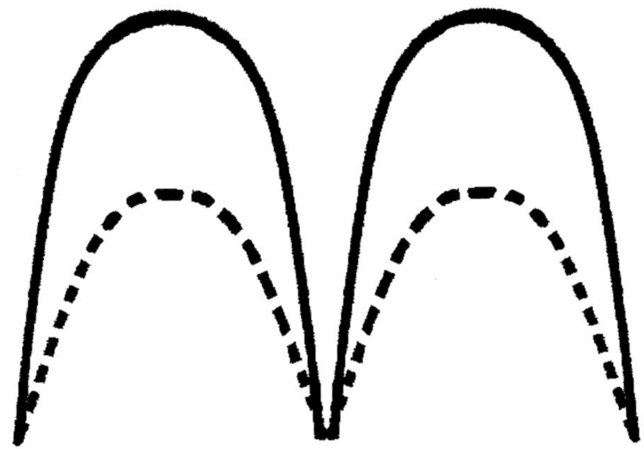

Rückwärtskaskade

Die Rückwärtskaskade ist die zweite Grundfigur, die man lernen sollte. In Kombination mit der normalen Kaskade sind dann einige weitere Tricks möglich. Wie der Name schon sagt, ist die Rückwärtskaskade die genaue Umkehrung der Kaskade. Die Bälle werden also nicht unter den vorherigen durchgeworfen, sondern oben darüber. Die fertige Figur ist der Abbildung zu entnehmen. Wichtig dabei ist, daß man die Bälle etwas weiter innen fängt und vor dem Abwurf mit der Hand in einem leichten Bogen nach außen zieht.

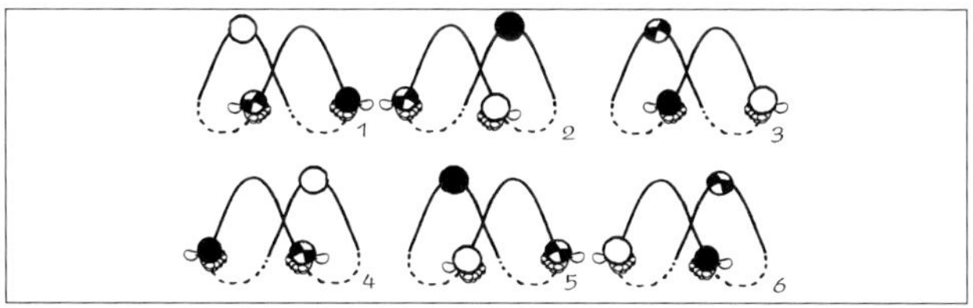

Man kann versuchen, diesen Trick aus der Kaskade zu erlernen, das wäre sozusagen der kurze Weg. Dazu einige Übungen:

1.a. Übung

Jongliere die normale Kaskade. Wirf irgendwann einen Ball aus der rechten Hand über die Jonglage und jongliere dann normal weiter. Mit der Zeit kannst Du die Anzahl der 'verkehrten' Würfe über die Jonglage erhöhen, bis Du jeden zweiten Ball aus der rechten Hand verkehrt wirfst. Übe natürlich auch mit links.

2.a. Übung

Wenn Du einzelne Würfe aus links oder rechts über die Jonglage beherrschst, dann versuche, zwei aufeinanderfolgende Würfe verkehrt zu werfen. Dabei solltest Du auch abwechselnd links und rechts mit diesen beiden Würfen beginnen. Wenn Du zwei Würfe hintereinander schaffst, dann probiere drei, vier, ... Irgendwann kommst Du auf diesem Wege zur Rückwärtskaskade.

Die zweite Möglichkeit ist der lange Weg, bei dem Du die Figur mit Vorübungen wie bei der normalen Kaskade erlernst.

1.b. Übung

Die erste Übung wird mit zwei Bällen durchgeführt. Die rechte Hand beginnt mit dem Wurf. Sobald der erste Ball die höchste Stelle erreicht hat, wirft man den zweiten Ball aus der linken Hand. Beachte dabei folgendes:

- ➤ Der erste Ball wird gefangen, sobald der zweite Ball den höchsten Punkt erreicht hat.
- ➤ Wenn Du den ersten Ball von rechts genau in die linke Hand wirfst, würde der zweite Ball beim Abwurf mit dem ersten zusammenstoßen, oder Du müßtest den zweiten Ball zu steil werfen. Mache daher wie bei der fertigen Figur mit der linken Hand vor dem Abwurf einen klei-

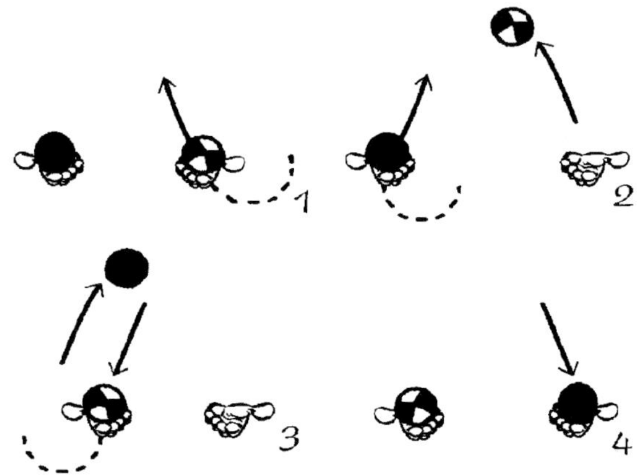

nen Bogen nach links außen. Dadurch kannst Du den zweiten Ball problemlos über den ersten werfen.
- ➤ Achte besonders darauf, daß der Abwurfrhythmus wie bei der Kaskade ein regelmäßiges »Werfen-Werfen-Fangen-Fangen« ist. Achte weiterhin darauf, daß beide Bälle gleich hoch fliegen.
- ➤ Wenn Du die Übung mit rechts zuerst beherrschst, so übe ausgiebig mit links und beginne dann abwechselnd.

2.b. Übung

Beginne mit zwei Bällen in der rechten Hand. Wirf alle drei Bälle wie in Übung 1, und fange sie wieder. Übergib danach den zweiten Ball wieder aus der linken Hand in die rechte und probiere weiter.

- ➤ Falls Dir das zu schwer ist, so wirf die drei Bälle im richtigen Rhythmus, ohne sie zunächst zu fangen.
- ➤ Achte besonders darauf, daß Du die Bälle eher in die Mitte zwischen die Hände wirfst und nicht genau in die andere Hand und daß Du vor jedem Wurf mit der betreffenden Hand einen kleinen Bogen nach außen machst.
- ➤ Nach der Übung müssen sich die beiden Bälle aus der rechten Hand in der linken befinden und umgekehrt.
- ➤ Wenn Du die Übung mit rechts zuerst beherrschst, dann übe links zuerst und danach abwechselnd beginnend.

3.b. Übung

Versuche nun, immer mehr Würfe aneinanderzureihen. Kontrolliere nach jedem Versuch die Bälle in den Händen. Nach einer ungeraden Anzahl von Würfen müssen in der linken Hand zwei Bälle sein, nach einer geraden Anzahl wieder in der rechten. Auch hier gilt wie bei der Kaskade: es ist besser, Du wirfst nur wenige Male kontrolliert und stoppst dann wieder, als Du wirfst sehr oft, aber ungenau.

Versuche, wenn Du diesen Trick beherrschst, abwechselnd die normale und die Rückwärtskaskade zu üben.

Kaskade 'am Boden zerstört'

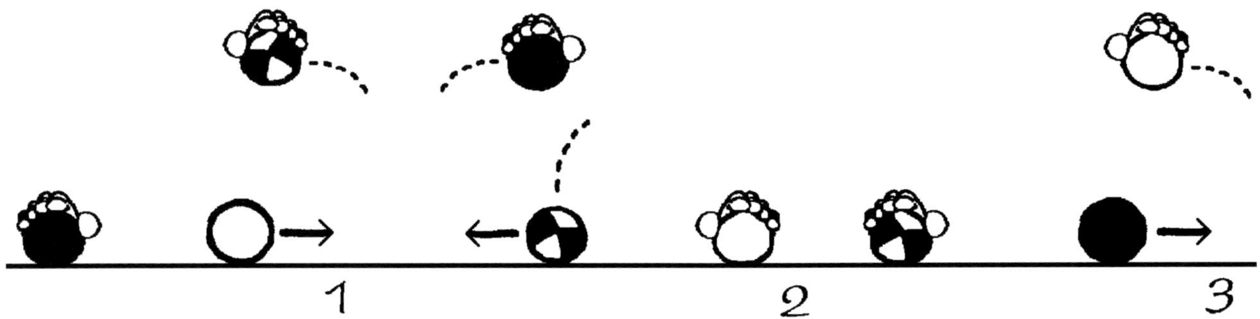

Dieser Trick fällt in die Kategorie Rettungsmanöver. Er kann angewendet werden, wenn bei einer Vorführung die Bälle zu Boden fallen. Man kann dann die Rückwärtskaskade am Boden weiterführen, indem man abwechselnd einen der äußeren Bälle in die Mitte wirft. Die Bälle werden nach dem Wurf nicht aufgefangen, sondern rollen noch ein Stück am Boden weiter. Aus dieser Figur kann man dann wieder in die Rückwärtskaskade in der Luft übergehen. Dieser Übergang sollte allerdings gut geübt werden, denn er ist wesentlich schwieriger als die Figur selbst.

1. Übung

Knie Dich auf den Boden oder stelle Dich zu einem Tisch. Die Arme werden schulterbreit etwa 30 cm über dem Boden bzw. über der Tischplatte gehalten. Nimm einen Ball in die rechte Hand und wirf ihn in die Mitte der Hände. Der Ball wird etwas weiterrollen. Wenn er unter der linken Hand angelangt ist, so greifst Du den Ball von oben (also Du krallst ihn), hebst ihn auf und wirfst ihn nach rechts in die Mitte der Hände und so weiter. Das ist die Bewegung, die Hände und Bälle bei dieser Figur ausführen.

2. Übung

Das weitere bleibt nun Dir vorbehalten. Du kannst entweder sofort die ganze Figur ausprobieren, oder Du gehst den ausführlichen Weg, den Du schon bei der Kaskade beschritten hast. Du mußt diese Figur und den Übergang zur Kaskade auch gar nicht extra üben. Du kannst immer dann, wenn Dir die Bälle zu Boden fallen (und das wird am Anfang eher häufig sein), mit diesem Trick beginnen.

Kreis (Halbshower)

Der Kreis oder Halbshower ist eine Kombination aus der Rückwärts- und der normalen Kaskade. Mit einer Hand wird der Ball immer über dem nächsten geworfen, mit der anderen unter dem nächsten. Die Flugbahn der Bälle ersieht man aus der Abbildung.

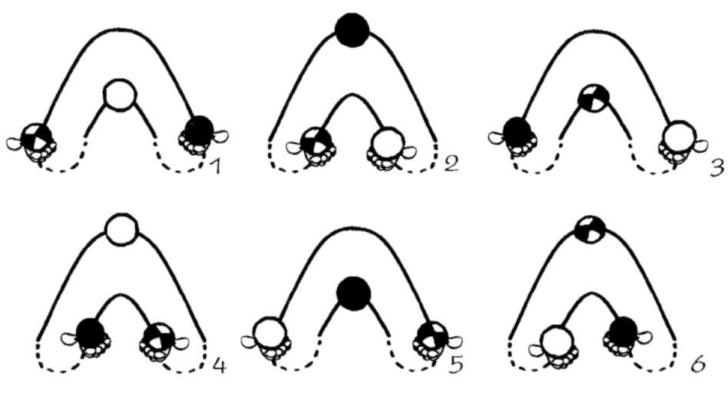

1. Übung

Zunächst nimmt man nur einen Ball in die rechte Hand. Dann wirft man diesen einen Ball entlang jener Linie, die die spätere Jonglage haben sollte. D.h., man wirft in einem hohen Bogen von rechts nach links und mit einem kleinen Wurf wieder von links in die rechte Hand zurück. Das ist genau die Linie, der dann alle Bälle folgen. Die Übung soll dazu dienen, sich diese Figur einmal vorstellen zu können, und sie sollte natürlich auch in Gegenrichtung geübt werden.

2. Übung

Nun nimmt man in jede Hand einen Ball und wirft den rechten Ball in einem hohen Bogen in die linke Hand. Wenn dieser Ball den höchsten Punkt erreicht hat, so wirft man den linken Ball in einem niedrigeren Bogen ab.

➤ Bei dieser Übung ist die Abfolge von werfen-werfen-fangen-fangen nicht mehr gleichmäßig, da der erste Wurf höher ist als der zweite.

➤ Die Übung wird später auch links geübt und dann abwechselnd. Dabei beschreibt ein Ball immer einen großen Bogen und ein Ball immer einen kleinen.

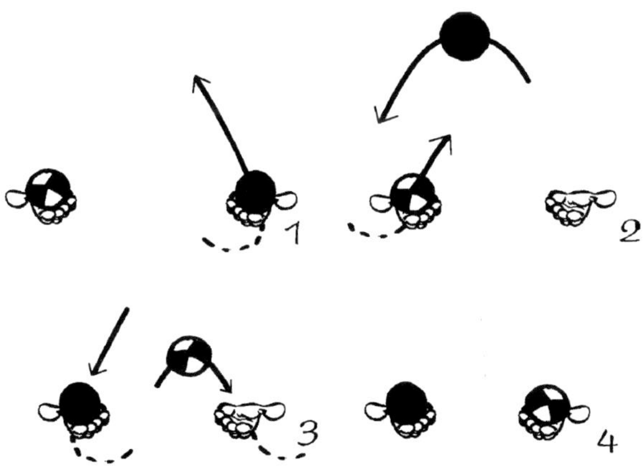

3. Übung

Nun beginnt man mit zwei Bällen in der rechten Hand und wirft rechts-links-rechts. Die beiden Bälle aus der rechten Hand werden hoch geworfen, der Ball aus der linken flach. Danach stoppt man ab, es befinden sich nun zwei Bälle links und ein Ball rechts. Nun übe gleich mit links zuerst. Die beiden linken Bälle werden hoch und der rechte Ball wird flach geworfen. Danach sind die Bälle wiederum so, wie sie vor Beginn der Übung waren.

➤ Nimm für diese Übung wieder verschiedenfarbige Bälle und kontrolliere nach den Würfen. Die zwei Bälle der ersten Wurfhand werden immer hoch geworfen und müssen nach den Würfen wieder in einer Hand zu liegen kommen.

➤ Laß Dir nach dem ersten Wurf viel Zeit, bis der Ball seinen Scheitelpunkt erreicht hat. Der Rhythmus der Würfe ist lang-kurz-lang.

4. Übung

Jongliere die normale Kaskade. Versuche, einen Ball über die Jonglage zu werfen und dann normal weiterzujonglieren. Achte darauf, daß der Rhythmus der Jonglage bei einem hohen Wurf etwas unterbrochen wird. Probiere diese Übung wieder mit links und mit rechts. Diese Übung hast Du vielleicht schon für die Rückwärtskaskade probiert.

Wirf zunächst nur selten über die Jonglage und warte nach jedem Wurf, bis Du die Bälle wieder unter Kontrolle hast. Wenn Du sicherer wirst, dann versuche, immer denselben Ball oben drüber zu werfen, also jeden dritten Wurf hoch zu machen. Dann versuche jeden zweiten, und wenn Du jeden Ball einer Hand über die Jonglage werfen kannst, so bist Du bei der fertigen Figur angelangt.

5. Übung

Diese Übung ist bereits die Zielübung.

➤ Vergiß dabei nicht, die Hand, die hoch wirft, vor dem Wurf etwas nach außen zu ziehen. Sonst mußt Du sehr steil werfen, damit die Bälle nicht zusammenstoßen.

➤ Der Rhythmus ist zunächst immer !-!-, also lang-kurz-lang-kurz und entspricht einem Walzerrhythmus.

➤ Wenn Du sicherer geworden bist, so kannst Du versuchen, den Rhythmus gleichmäßig zu gestalten. Das ist dann möglich, wenn Du mit der rechten Hand einen größeren Bogen machst als mit der linken. Der fertige Trick schaut mit einer runden und gleichmäßigen Bewegung besser aus.

➤ Wenn Du diesen Trick links und rechts gut beherrschst, so kannst Du damit eine neue Figur erlernen, indem Du immer denselben Ball von links nach rechts über die Jonglage wirfst, und die beiden anderen immer flach wirfst. Diese Figur heißt Tennis.

Tennis

Dieser Trick ist eine Kombination aus Kaskade und Rückwärtskaskade bzw. Halbshower. Wenn Du diese Tricks schon beherrschst, dann wird Dir auch dieser auf Anhieb gelingen.

Bestimme einen besonderen Ball, der den Tennisball darstellt. In unserem Fall ist dieser Ball der schwarze. Die beiden anderen Bälle stellen das Netz dar, über das der Tennisball als Lob oder Smash hin- und hergeworfen wird.

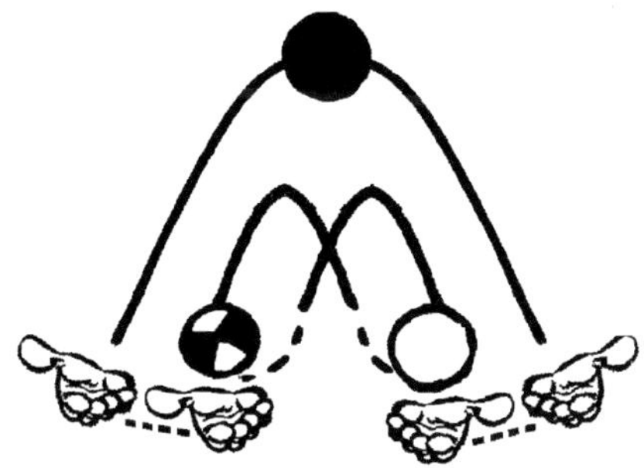

Tennis verkehrt

Beim verkehrten Tennis wird der besondere Ball nicht über die Jonglage geworfen, sondern abwechselnd mit der linken und rechten Hand unten durchgeführt. Auf der gegenüberliegenden Seite wird der Ball senkrecht als Säule geworfen. Diese Figur ist etwas schwieriger, vor allem auch deswegen, weil man die Hände überkreuzen muß.

1. Übung

Halte einen Ball in der rechten Hand, die linke ist leer. Führe den Ball unter der linken Hand durch und wirf eine Säule. Während sich die rechte Hand wieder zurückbewegt, fängst Du mit links. Dann probierst Du diese Übung gleich mit der linken Hand aus.

Wirf den Ball nicht so hoch, wie Du sonst Säulen wirfst. Auch bei der fertigen Figur wird der Ball nämlich etwas niedriger geworfen.

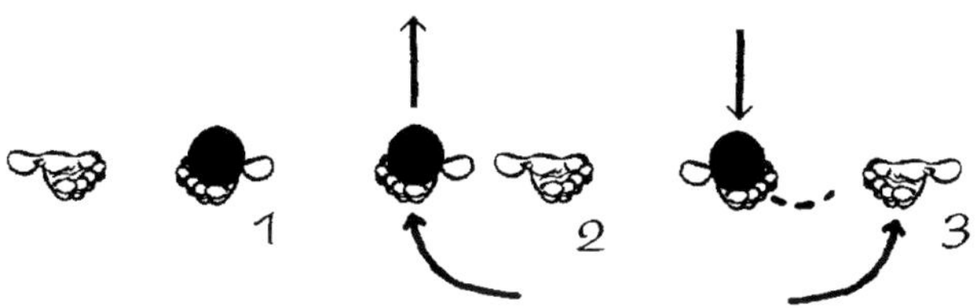

2. Übung

Nun nimmst Du auch in die linke Hand einen Ball. Wie in der vorigen Übung führst Du den Ball mit der rechten Hand unter der linken durch und wirfst eine Säule. Wenn dieser Ball den höchsten Punkt erreicht hat, wirfst Du den Ball aus der linken Hand nach rechts. Die Bälle haben nun die Hände gewechselt. Auch diese Übung probierst Du gleich mit der anderen Hand.

3. Übung

Du jonglierst mit drei Bällen eine normale Kaskade. Wenn ein vorher bestimmter Ball in die rechte Hand kommt, trägst Du diesen wie oben geübt unter der Jonglage durch und jonglierst weiter, als ob nichts passiert wäre.

Wenn sich die Jonglage beruhigt hat, trägst Du den Ball mit der linken Hand wieder zurück. Mit der Zeit verkürzt Du den zeitlichen Abstand zwischen dem Hin- und Hertragen, bis nur noch ein bestimmter Ball getragen wird, während die beiden anderen immer eine Kaskade beschreiben.

Windmühle

Die Windmühle ist eigentlich eine Variation des Halbshowers. Der Effekt dabei ist jedoch, daß der Ball aus der linken Hand nicht wie beim Halbshower normal in einem kleinen Bogen von links nach rechts geworfen wird (Abbildung links), sondern unter der rechten Hand kreuzt und rechts geworfen wird (Abbildung rechts). Wird diese Bewegung kontinuierlich ausgeführt, so fängt die linke Hand

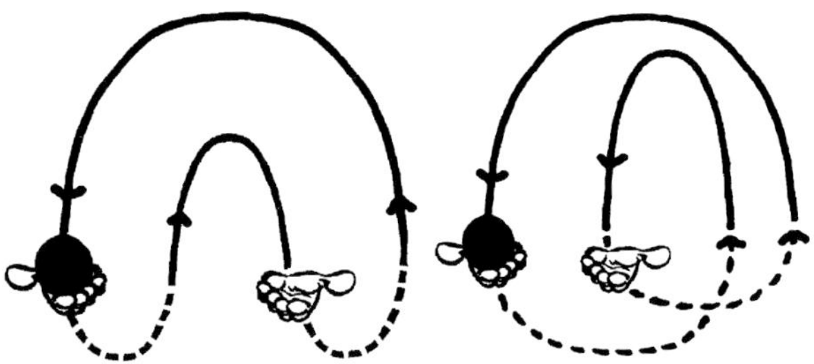

immer links, kreuzt unter dem rechten Arm und wirft rechts. Der Ball sollte dabei immer so geworfen werden, daß die rechte Hand etwas nach links greifen muß, um ihn zu fangen. Die rechte Hand wirft nun mit einer kleinen Auftaktbewegung den Ball wieder nach links. Daraus ergibt sich ein Muster, bei dem sich alle Bälle immer gegen den Uhrzeigersinn bewegen.

1. Übung

Die erste Übung soll wieder dazu dienen, Dir den Weg des Balles zu verdeutlichen. Nimm daher nur einen Ball in die linke Hand. Führe den Ball unter der rechten Hand durch und wirf ihn ab. Der Wurf sollte nicht senkrecht erfolgen, sondern so, daß der Ball etwas nach links fliegt. Nun greifst Du mit der rechten Hand nach dem Ball, führst ihn in einem leichten Bogen nach rechts und wirfst ihn ab. Der Ball landet wieder in der linken Hand. Führe diese Übung so durch, daß sich dabei eine runde und kontinuierliche Bewegung ergibt. Übe auch im Uhrzeigersinn.

2. Übung

Jongliere einen Halbshower gegen den Uhrzeigersinn. Aus dieser Bewegung wirfst Du einen Ball so wie in Übung 1, d.h. Du kreuzt unter der rechten Hand und wirfst dort. Danach jonglierst Du den Halbshower weiter.

- ➤ Der überkreuzte Wurf sollte genauso schnell sein wie die anderen Würfe. Es sollte also kein Rhythmuswechsel entstehen. Übe auch in die umgekehrte Richtung.
- ➤ Wirf zuerst nur jeden dritten Ball oder sogar noch seltener. Versuche, sofern nötig, nach jedem Wurf die Jonglage zu beruhigen. Verkürze dann das Intervall der überkreuzten Würfe immer mehr, bis Du jeden Ball überkreuzt wirfst.

3. Übung

Wenn Du Übung 2 beherrschst, dann versuche, jeden Ball gekreuzt zu werfen.

- ➤ Die Würfe aus beiden Händen sollten etwa gleich hoch sein und gleich lange dauern, der Wurf unter der Hand ist jedoch etwas senkrechter.
- ➤ Die Bahn der Hände sollte kreisförmig sein. Im unteren Halbkreis wird der Ball getragen, aber auch nach dem Abwurf bewegt sich die Hand fast kreisförmig weiter. Der Kreis ist geschlossen, wenn der neue Ball gefangen wird. Durch die runde Bewegung der Bälle und Hände hat die Figur ja auch ihren Namen bekommen.

Mills' Mess
(oder Mr. Mills' Durcheinander)

Dieser Trick wurde von Steve Mills erfunden und könnte daher auch den Namen »Mr. Mills' Durcheinander« tragen. Der Trick selbst ist wesentlich leichter als die Erklärung dessen, was man dabei eigentlich macht. Ein guter Weg zum Erlernen ist sicherlich der über die Windmühle. Die solltest Du allerdings schon gut können. Zunächst aber noch fünf Vorübungen.

1. Übung

Um Dir die Armbewegung bei diesem Trick zu verdeutlichen, mach einmal folgende Vorübung ohne Bälle: Überkreuze beide Arme, so daß der rechte über dem linken liegt. Mache nun mit beiden Händen einen ganzen Kreis im Uhrzeigersinn. Danach sind die Arme wieder überkreuzt, es liegt aber der linke Arm über dem rechten.

Bewege nun die Arme in die Ausgangsposition zurück, also gegen den Uhrzeigersinn. Übe diese Hin- und Herbewegung einige Male, bis sie Dir selbstverständlich vorkommt.

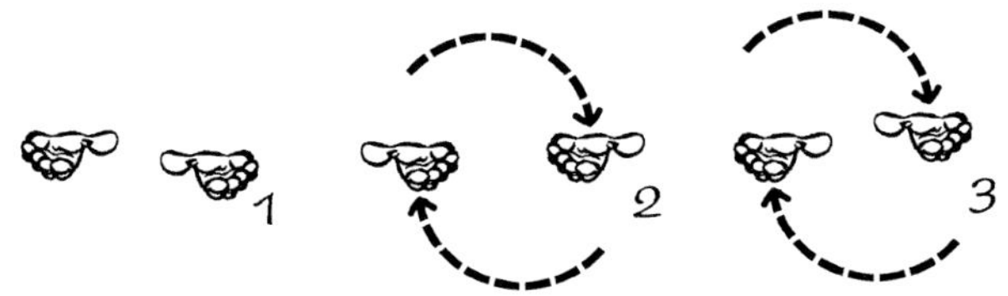

Dieser Trick hat einen Walzerrhythmus. Bei jeder Hin- und Herbewegung der Arme machst Du später drei Würfe. Wenn Du also bis sechs gezählt hast, sollten sich die Hände wieder in der Ausgangsposition befinden.

2. Übung

Nimm nun in die rechte Hand einen Ball und überkreuze die Arme wieder so, daß der rechte über dem linken liegt. Wirf nun aus rechts und führe dann dieselbe Bewegung wie in Übung 1 aus. Du mußt dabei so schnell sein, daß die Hände in der Endstellung sind, wenn der Ball in die linke Hand fällt.

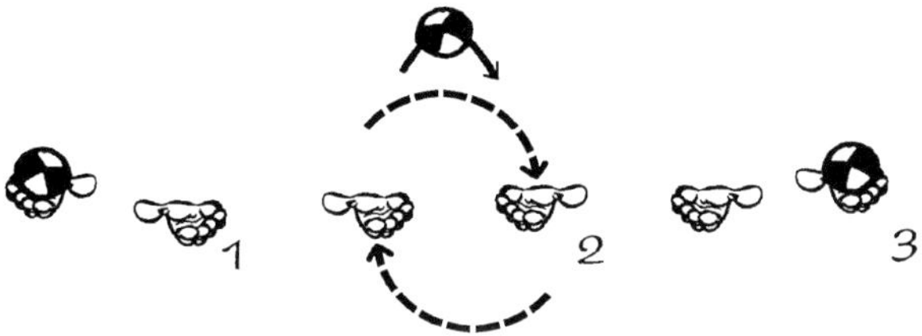

Aus dieser Position (Arme gekreuzt, links über rechts, linke Hand hält den Ball) wirfst Du nun den Ball wieder an die ursprüngliche Position zurück. Reihe nun die Hin- und Herwürfe aneinander, daß sich ein fortlaufendes, rundes Muster wie in Übung 1 ergibt.

3. Übung

Ausgangsposition wie bei Übung 2, der Ball befindet sich jedoch in der linken Hand. Führe nun dieselbe Armbewegung wie in den vorangegangenen Übungen durch. Der Ball in der linken Hand wird zunächst unter der rechten durchgetragen und dann, nach der ersten Hälfte der Bewegung, senkrecht geworfen. Die Hände machen den Kreis fertig, und die rechte Hand fängt den senkrecht herunterfallenden Ball auf.

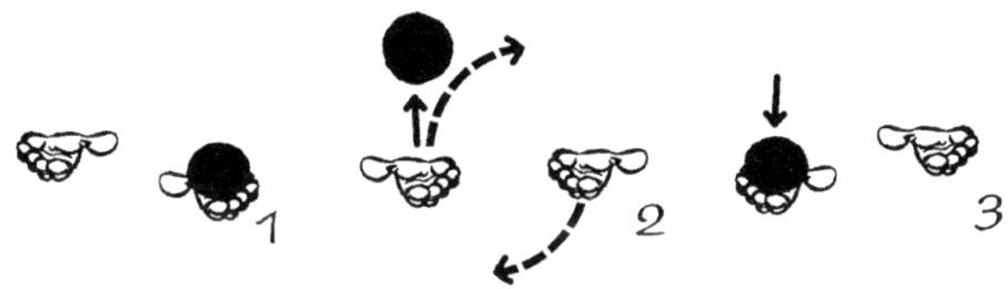

Aus dieser Position (Arme gekreuzt, links über rechts, rechte Hand hält den Ball fest) wirfst Du nun den Ball wieder an die ursprüngliche Position zurück. Reihe wie in Übung 3 die Hin- und Herwürfe aneinander, daß sich ein fortlaufendes, rundes Muster ergibt. Der Ball wird dabei immer unter dem Arm durchgetragen und dann senkrecht geworfen.

4. Übung

Nun kombiniere Übung 2 und 3. In jeder Hand befindet sich ein Ball. Die Abbildung zeigt Anfang- und Endposition der Bälle. Zuerst ist der rechte Arm über dem linken, dann ist es umgekehrt. Die Bälle haben den Platz getauscht.

5. Übung

Nimm nun noch einen zweiten Ball in die rechte Hand. Die Übung ist wie Nummer 4, nur daß Du ganz zum Schluß noch den zweiten Ball aus der rechten Hand wirfst, wenn diese unter dem linken Arm gekreuzt ist. Anfangs- und Endposition sind in der Abbildung dargestellt.

Diese Übung ist dann richtig ausgeführt, wenn alle drei Bälle von links nach rechts geworfen werden, d.h. es erfolgt kein Wurf von der rechten Seite. Auch diese Übung wird nun abwechselnd von links und von rechts begonnen.

6. Übung

Wenn Du die Übung 1 bis 5 gut geübt hast, probiere nun eine Variation aus der Windmühle. Jongliere sie gegen den Uhrzeigersinn und bestimme einen Ball. Wenn dieser Ball in Deine gekreuzte rechte Hand gelangt, dann führst Du ihn nicht in einem Halbkreis zum Abwurf, sondern Du bremst den Wurf an der Stelle ab und wirfst den Ball wieder dorthin, von wo er gekommen ist. Der Ball kommt also von rechts und wird wieder nach rechts geworfen. Die Bahn der restlichen Bälle ergibt sich von selbst. Nach diesem Umkehrmanöver drehen sich die Bälle nun im Uhrzeigersinn.

7. Übung

Versuche nun, die Richtung der Windmühle immer öfter hintereinander zu wechseln. Beim Mill's Mess bist Du dann angelangt, wenn Du die Richtung immer dann umdrehst, wenn ein bestimmter Ball in eine der Hände gelangt. Der Rhythmus ist dann 1-2-3-1-2-3..., wobei auf 1 immer das Umdrehen erfolgt. 'Just do it' und paß auf, daß sich Deine Arme nicht verknoten.

Damit Du auch sicher bist, daß die Figur, die Du kreierst, tatsächlich der Mill's Mess ist, einige Hinweise:

- Die Bälle fliegen immer in derselben Reihenfolge hintereinander her.
- Der erste Ball wird immer dann gefangen, wenn die Hände überkreuzt sind und dabei immer mit der oberen Hand. Er wird auch wieder in dieser Position abgeworfen.

  Der zweite Ball wird ebenfalls immer dann gefangen, wenn sich die Hände in gekreuzter Position befinden, aber mit der unteren Hand. Vor dem Abwurf wird diese Hand jedoch wieder auf ihren ursprünglichen Platz bewegt und der Ball dort abgeworfen.
- Der dritte Ball wird immer in der normalen Stellung gefangen, unter der anderen Hand gekreuzt und dort geworfen. Dieser dritte Ball beschreibt daher eine Bahn, die dem unteren Ball bei Tennis verkehrt entspricht.

Klingt ganz schöne kompliziert, was? Es ergibt sich aber eigentlich ganz von selbst.

Wasserfall (Freiheitsstatue)

Dieser Trick ist eine Variation des Halbshowers. Du streckst den linken Arm wie bei der Freiheitsstatue in die Höhe, die rechte Hand bleibt in normaler Position. Der Weg der Bälle ist von der rechten Hand in die linke, wobei der Wurf so stark sein sollte, daß der höchste Punkt der Wurfbahn etwa 20 bis 30 cm über der linken Hand liegt. Der Ball wird kurz in der linken Hand festgehalten und dann einfach ausgelassen. Der Ball fällt aus der linken Hand und wird mit der rechten Hand wieder aufgefangen.

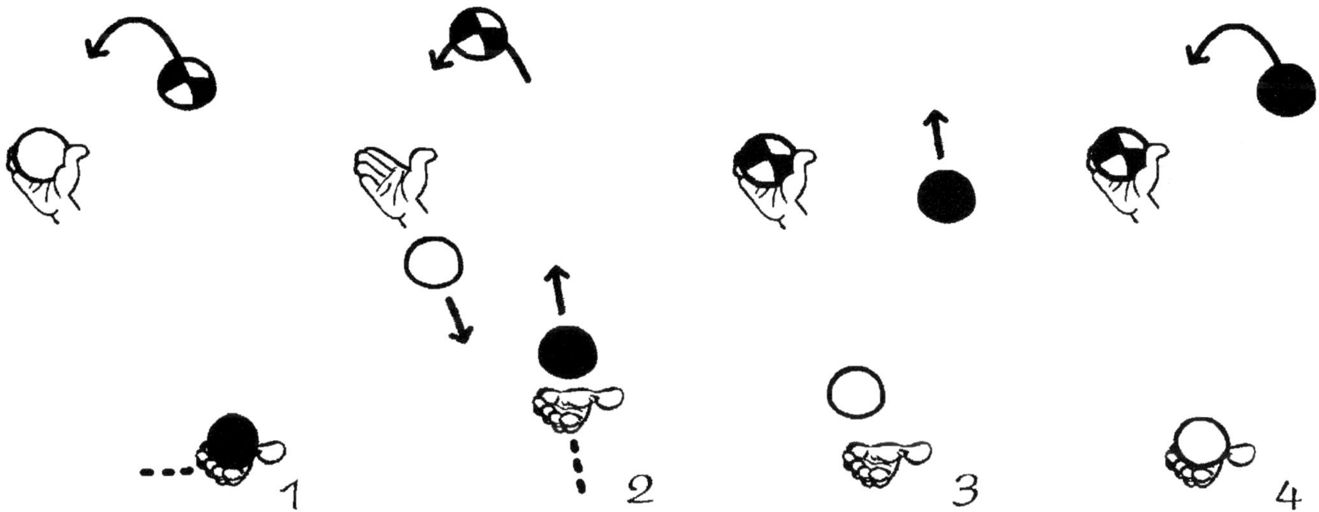
1
2
3
4

Diese Figur ist nicht leicht zu jonglieren. Der Grund dafür ist, daß man bei den meisten Figuren einen ungenauen Wurf leicht mit der Hand, mit der man fängt, korrigieren kann. Der Effekt dieses Tricks beruht darauf, daß die linke Hand völlig ruhig bleibt. Man muß daher die Bälle aus der rechten Hand exakt werfen. Das ist auch der Grund, warum es leichter ist, den linken Arm zu strecken. Die Hauptarbeit und die größere Genauigkeit sind in diesem Fall die Aufgabe der tieferen Hand.

Es gibt zwei Methoden, diesen Trick zu erlernen. Die erste Möglichkeit ist das direkte Erlernen aus dem Halbshower. Gehe dazu folgendermaßen vor. Du jonglierst einen Halbshower gegen den Uhrzeigersinn, also die Bälle aus der rechten Hand werden oben drüber geworfen. Nun beginnst Du langsam, die linke Hand in die Höhe zu bewegen.

➤ Es genügen zu Beginn einige Zentimeter. Das reicht aus, um Dich aus dem Rhythmus zu bringen.
➤ Bewege die linke Hand etwas hinauf, bringe sie dann aber in die normale Stellung zurück. Versuche dabei kontinuierlich den Halbshower weiterzujonglieren.
➤ Mit der Zeit wird es Dir gelingen, den linken Arm immer mehr zu strecken, bis er ganz gestreckt ist. Dieser Trick ist ziemlich schwer, und es macht daher nichts, wenn Du jeden Tag nur kleine Fortschritte machst.
➤ Der Ball wird kurz in der linken Hand festgehalten. Dann läßt Du ihn einfach aus und über den Handballen rollen. Der Ball sollte so nach unten fallen, daß Du mit der rechten Hand keine waagrechten Bewegungen durchführen mußt. Die linke Hand bleibt bei diesem Trick völlig ruhig, die rechte federt die Bewegung der Bälle ab und beschleunigt sie wieder, führt aber nur senkrechte und keine waagrechten Bewegungen aus.

Neben der Methode, diese Figur direkt aus dem Halbshower zu erlernen, gibt es auch die Möglichkeit, gleich mit dem gestreckten Arm zu beginnen.

1. Übung

Nimm zunächst nur einen Ball und wirf ihn entlang der späteren Flugbahn. Der Ball sollte von oben in die linke Hand fallen, dort kurz gehalten werden und dann über den Handballen wieder in die rechte Hand fallen. Du solltest einen schlechten Wurf nicht durch eine Bewegung der linken Hand ausgleichen. Lerne, mit der rechten Hand genau und plaziert zu werfen.

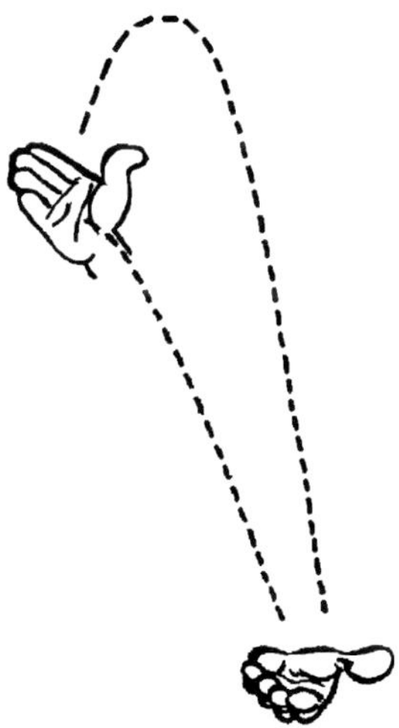

2. Übung

Nimm in jede Hand einen Ball und wirf den Ball aus der rechten Hand. Knapp bevor dieser in die linke Hand fällt, läßt Du den linken Ball rollen. Der Rhythmus stimmt dann mit der fertigen Figur überein, wenn Du den Ball in der linken Hand etwas vor dem rechten fangen kannst. Wenn das nicht gelingt, hast Du den oberen Ball etwas zu früh ausgelassen.

3. Übung

Erst wenn Du die zweite Übung gut beherrschst, solltest Du sie mit drei Bällen probieren. Du wirst zwar von selbst auf den richtigen Rhythmus kommen, zur Kontrolle jedoch einige Hinweise.

- ➤ Der Ball, der einen Moment in der linken Hand gehalten wird, wird ausgelassen, knapp bevor der Ball aus der rechten Hand geworfen wird.
- ➤ Der Ball aus der rechten Hand wird immer genau dann geworfen, wenn der vorherige Ball den höchsten Punkt seiner Flugbahn erreicht hat.

- Der linke Ball wird immer kurz vor dem rechten Ball gefangen.

Natürlich solltest Du die Figur auch seitenverkehrt lernen. Wenn Du diesen Trick vorführst, ist es besonders effektvoll, wenn Du mit dem Halbshower beginnst, langsam zum Wasserfall wechselst, dort kurz verharrst und dann wieder in den Halbshower zurückkehrst.

Förderband

Das Förderband ist eine sehr, sehr schnelle Figur, bei der alle Bälle mit einer Hand waagrecht getragen werden. Die rechte Hand trägt die Bälle von rechts nach links und läßt sie dort fallen. Die linke Hand fängt sie auf und wirft sie wieder rechts senkrecht in die Höhe. Der große Schwierigkeitsgrad kommt durch die Bewegung der rechten Hand zustande. Diese Bewegung muß zwar sehr schnell sein, jedoch muß die Hand wieder abgebremst werden, bevor der Ball ausgelassen wird, damit er senkrecht herunterfallen kann.

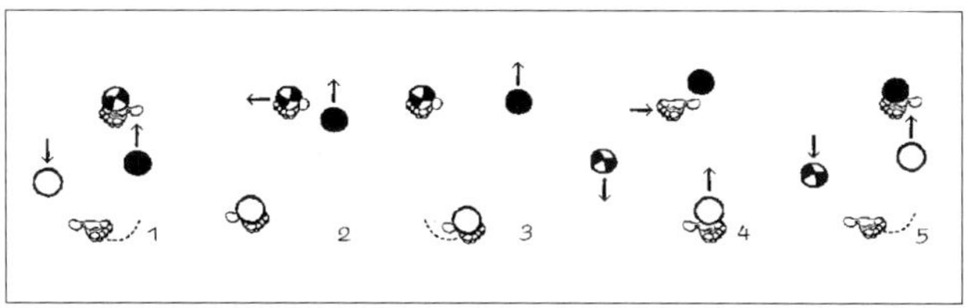

1. Übung

Nimm einen Ball in die linke Hand. Die rechte Hand befindet sich etwa in Augenhöhe mit der Handfläche nach oben. Da der Ball rechts von der linken Hand in die Höhe geworfen werden muß, müssen die beiden Arme gekreuzt sein, der rechte Arm über

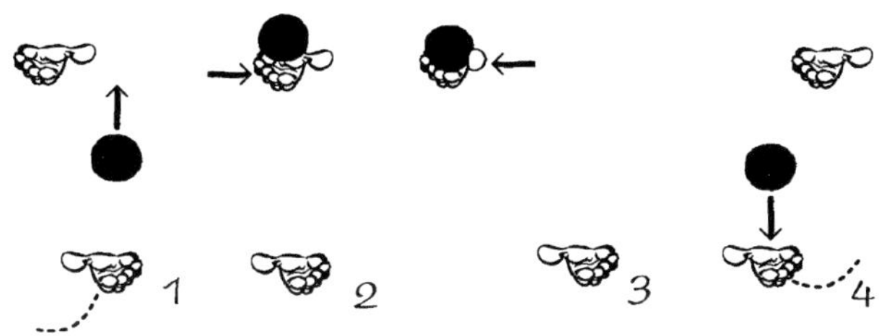

dem linken. Wirf den Ball senkrecht in die Höhe. Wenn er den höchsten Punkt erreicht hat, dann schiebe die rechte Hand unter den Ball und fange ihn auf. Bewege den Ball mit einer sehr schnellen waagrechten Bewegung von rechts nach links, bremse dort die Bewegung ab und laß den Ball fallen. Der Ball wird auf der Kleinfingerseite fallen gelassen. Die linke Hand greift nun nach links, fängt den Ball, zieht ihn nach rechts, und die Bewegung beginnt von neuem.

- ➤ Die rechte Hand bewegt sich nur waagrecht hin und her. Die linke Hand fängt die Bälle links auf und wirft sie rechts in die Höhe.
- ➤ Der Ball wird mit der rechten Hand nicht gemächlich getragen, sondern ruckartig und sehr schnell.
- ➤ Die waagrechte Bewegung der rechten Hand sollte etwa 20 bis 30 Zentimeter betragen, je mehr, desto besser.
- ➤ Der senkrechte Wurf aus der linken Hand muß 10 bis 15 Zentimeter über die rechte Hand geworfen werden. Wenn der Ball am höchsten Punkt ist, kann sich die rechte Hand unter den Ball schieben.

2. Übung

Die Bewegung der Bälle bleibt dieselbe wie bei Übung 1. Nimm in jede Hand einen Ball. Laß den Ball aus der rechten Hand fallen. Ganz kurz danach wirfst Du den Ball aus der linken Hand ab und ergreifst schnell den fallenden Ball. Die rechte Hand bewegt sich waagrecht nach rechts, schiebt sich unter den Ball, fängt ihn und zieht ihn sehr schnell wieder nach links. Die Bälle haben nun den Platz getauscht. Du kannst jetzt eine kleine Pause machen und die Bewegung von neuem durchführen.

3. Übung

Diese Übung ist wie Nr. 2, jedoch wirfst Du den Ball aus der linken Hand senkrecht. Dann läßt Du den Ball aus der rechten Hand fallen und bewegst sie schnell nach links, so daß sie sich unter den senkrecht geworfenen Ball schiebt. Mache eine kurze Pause und wiederhole die Übung. Übung 2 und 3 sollten auch auf der anderen Seite geübt werden.

4. Übung

Nimm zwei Bälle in die linke Hand und einen in die rechte. Kreuze die Arme so wie in Übung 1 beschrieben. Wirf nun einen Ball aus der linken Hand ab, und während er sich nach oben bewegt, läßt Du den Ball aus der rechten Hand fallen. Dann wirfst Du den zweiten Ball aus der linken Hand. Wenn Du wie bei den Vorübungen die Bälle wirfst und fängst, sollte sich daraus ein gleichmäßiger Rhythmus ergeben. Der Sprung in der Schwierigkeit von der 2. und 3. zu dieser Übung ist allerdings sehr groß. Laß Dich nicht entmutigen, denn dieser Trick ist wirklich sehr schwer.

Der Rhythmus der Würfe und Fänge ist bei der fertigen Figur folgender:

- ➤ Kurz bevor der senkrecht geworfene Ball den höchsten Punkt erreicht hat, wird der getragene Ball fallen gelassen.
- ➤ Kurz nachdem dieser Ball ausgelassen worden ist, werden etwa gleichzeitig der Ball aus der linken Hand geworfen und der rechten Hand gefangen.

Shower

Der Shower ist eine sehr schnelle Figur. Der Weg der Bälle ist ähnlich wie beim Halbshower, jedoch werden sie nicht flach von einer in die andere Hand geworfen, sondern übergeben. D.h. eine Hand ist für das Werfen zuständig und eine für das Fangen. Wie der Halbshower ist die Figur daher nicht symmetrisch.

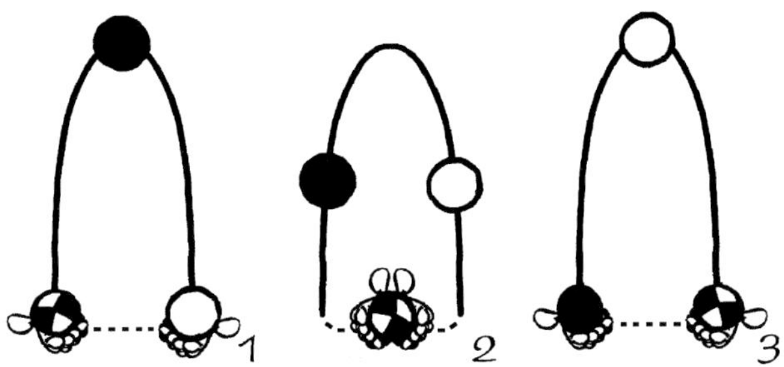

1. Übung

Das Problem beim Shower ist, daß die Bälle höher als bisher geworfen werden. Dadurch treffen sie auch mit höherer Geschwindigkeit auf der Hand auf. Die erste Übung besteht daher darin, einen Ball in einem hohen Bogen von einer Hand in die andere zu werfen und wieder zurück. Du wirst merken, daß es gar nicht so leicht ist, hoch und exakt zu werfen.

2. Übung

Nimm zwei Bälle in die rechte Hand und wirf beide Bälle schnell hintereinander in einem hohen Bogen in die andere Hand.

➤ Wenn Du zunächst Probleme hast, die Bälle mit der linken Hand zu fangen, so konzentriere Dich nur auf das Werfen und laß die Bälle fallen. Wenn Du die Übung besser beherrschst, versuche auch, beide Bälle zu fangen.

- ➤ Der zweite Ball muß spätestens dann abgeworfen werden, wenn der erste den höchsten Punkt erreicht hat.
- ➤ Begnüge Dich zunächst mit Würfen aus der rechten Hand. Übergib daher nach jedem Versuch die Bälle aus der linken Hand. Später sollst Du jedoch unbedingt auch links üben, um den Trick beidseitig vorführen zu können.

3. Übung

Nimm nun zwei Bälle in die rechte Hand und einen in die linke. Wirf wie in der vorigen Übung die beiden Bälle aus der rechten Hand schnell hintereinander ab. Wenn Du den zweiten Ball rechts abgeworfen hast, übergib den dritten Ball von links nach rechts und fange danach die beiden geworfenen Bälle. Die Bälle haben nun die Hände gewechselt.

- ➤ Der Rhythmus der Übung ist werfen-werfen-übergeben-fangen-fangen.
- ➤ Wenn Du mit links schon sicher bist, dann versuche die Übung gleich mit zwei Bällen in der linken Hand, sonst übergib einen Ball in die rechte Hand und wiederhole die Übung.

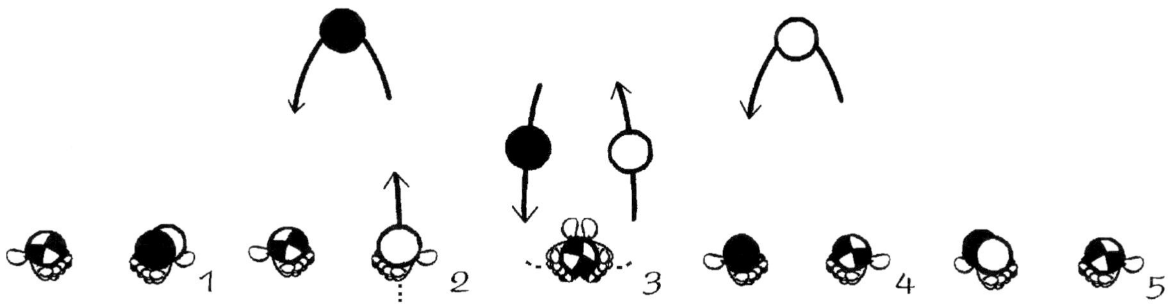

4. Übung

Bei dieser Übung wirfst Du auch den dritten Ball, so daß dann alle drei Bälle im Shower mit der rechten Hand geworfen werden. Die Ausgangsstellung ist wie bei Übung 3. Bevor der weiße Ball in die linke Hand fällt, führst Du den dritten Wurf mit dem zweifarbigen Ball, den Du gerade mit der linken Hand übergeben hast, mit rechts durch.

- ➤ Es ist zwar möglich, einen dritten Ball in einer Hand zu fangen, aber es ist für die Übung nicht unbedingt notwendig. Für den Fall, daß Du Dich nicht sehr gerne bückst, wäre es jedoch günstig zu lernen, wie man einen dritten Ball mit einer Hand fängt. Nimm dazu einfach zwei Bälle in die linke Hand und wirf aus der rechten Hand einen dritten Ball.
- ➤ Übe natürlich auch wieder mit der linken Hand als erste Wurfhand und dann abwechselnd.

5. Übung

Probiere nun, viermal zu werfen und zu fangen, dann fünfmal und so weiter. Achte darauf, daß Du immer dann wirfst, wenn der vorherige Ball den höchsten Punkt erreicht hat. Probiere erst dann den fortlaufenden Shower, wenn Deine hohen Würfe halbwegs exakt kommen, denn Genauigkeit ist neben Schnelligkeit der Schlüssel für einen guten Shower. Wenn Du dann später sicherer und vor allem auch schneller geworden bist, kannst Du die Höhe der Würfe immer mehr reduzieren, bis Du deutlich unter Augenhöhe kommst.

Wippe

Der Name beschreibt diese Figur schon sehr zutreffend. Man wirft mit der linken und rechten Hand jeweils einen Ball in einer Säule, während ein dritter Ball immer zwischen den beiden Händen hin- und hergeworfen wird.

Diese Figur ist wesentlich schwieriger zu jonglieren, als dies zu Beginn den Anschein hat (wenn Du es nicht glaubst, probiere sie). Die besondere Schwierigkeit dieser Figur liegt darin, abwechselnd einen Ball senkrecht und waagrecht zu werfen. Meist vermischen sich diese Bewegungen nach kurzer Zeit zu einem schiefen Wurf an der anderen Hand vorbei. Die Vorübungen sind daher besonders wichtig und hilfreich.

1. Übung

Die erste Übung betrifft nur den waagrechten Wurf. Nimm einen Ball und wirf ihn waagerecht zwischen den Händen hin und her.

➤ Der Wurf muß ziemlich scharf sein, damit er geradlinig erfolgen kann, ähnlich wie beim Shower.

➤ Achte darauf, daß der Wurf hauptsächlich aus dem Handgelenk erfolgt.

➤ Vergrößere den Abstand der Hände nach und nach auf etwa Schulterbreite. Das sollte auch der Abstand der Hände bei der Wippe sein.

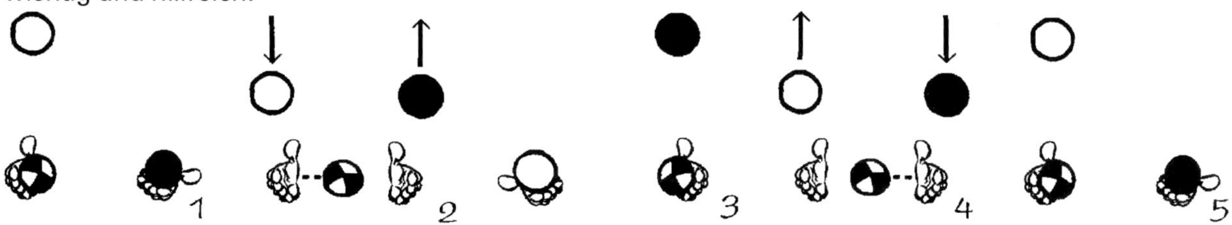

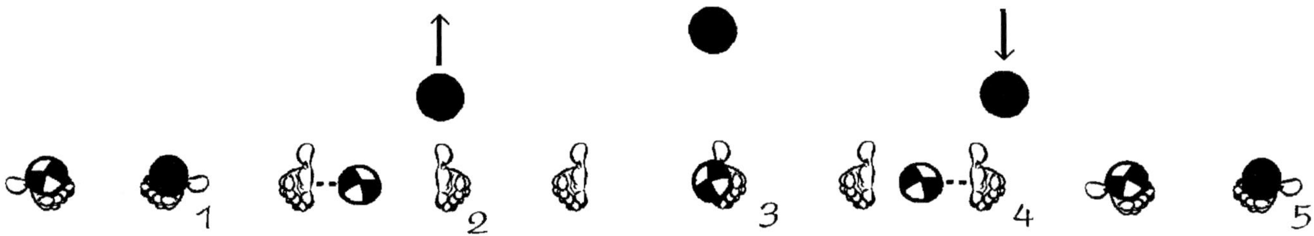
1
2
3
4
5

2. Übung

Diese Übung könnte man als Halbwippe bezeichnen. Zu Beginn hältst Du in jeder Hand einen Ball. Zuerst wird der rechte Ball geworfen. Bevor dieser wieder in die rechte Hand zurückkehrt, wirfst Du den linken Ball in die rechte Hand und sofort wieder zurück. Dann fängst Du den rechten Ball wieder auf.

- ➤ Der linke Ball muß sehr schnell geworfen werden. Der Rückwurf aus der rechten Hand muß zu dem Zeitpunkt erfolgen, wenn der senkrecht geworfene Ball seinen höchsten Punkt erreicht hat.
- ➤ Diese Übung muß natürlich auch mit der linken Hand durchgeführt werden.

3. Übung

Nun wird diese Übung abwechselnd links und rechts durchgeführt, wie die fertige Wippe, jedoch nur mit zwei Bällen. Es wird daher zuerst – wie in der Abbildung zu Übung 2 – der rechte Ball senkrecht geworfen und der linke Ball waagrecht. Gleich anschließend wird der linke Ball senkrecht und der rechte waagrecht geworfen und so weiter.

4. Übung

Nun kommt der Ernst des Lebens. Nimm den dritten Ball und versuche die ganze Wippe. Der Schritt von zwei zu drei Bällen ist leider nicht nur 1/3 schwerer. Sei nicht frustriert, wenn es einige Zeit dauert, bis Dir diese Übung gelingen will.

5. Übung

Die Wippe läßt sich wunderbar mit dem Shower verbinden. Sie gestattet es, dabei die Richtung auf elegante Art und Weise zu ändern. Beginne mit dem Shower gegen den Uhrzeigersinn. Baue dazwischen eine ungerade Anzahl von Wippen ein und ändere damit die Richtung. In dieser Kombination sieht die Figur sehr spektakulär aus.

Säulen

Wenn Du Säulen jonglierst, so fliegen die Bälle senkrecht auf und ab, ohne die Hände zu wechseln. Die Voraussetzung für diesen Trick ist, daß man mit zwei Bällen in einer Hand jonglieren kann.

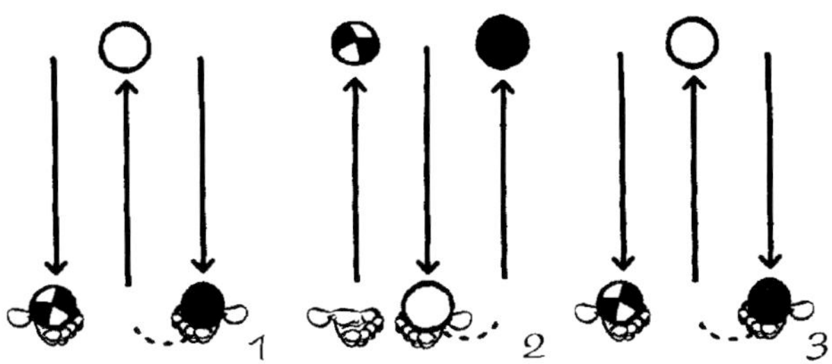

1. Übung

Nimm einen Ball in die bessere Hand. Wirf ihn in die Höhe und deute mit der Hand einen zweiten Wurf an, sobald der Ball den höchsten Punkt erreicht hat. Du kannst auch in der Zwischenzeit mit der Hand auf den Oberschenkel oder die Schulter klopfen oder andere Bewegungen ausführen. Führe diese Übung auch mit links durch.

2. Übung

Nimm zwei Bälle in Deine rechte Hand. Wirf den ersten Ball etwa augenhoch. Wenn der erste Ball den höchsten Punkt erreicht hat, wirfst Du etwas daneben den zweiten Ball ab. Dann fängst Du den ersten Ball wieder auf. Wenn der zweite Ball den höchsten Punkt erreicht hat, wirfst Du wieder den ersten ab und so weiter. Achte darauf, daß sich die Bälle wie bei der Kaskade in einer imaginären Ebene vor Dir bewegen.

➤ Übe auch mit links. Du wirst bei dieser Übung besonders schmerzlich erkennen, daß Deine linke Hand deutlich schlechter ist. Dennoch ist diese Übung sehr wichtig, vor allem, wenn Du später einmal mit vier Bällen jonglieren willst.

➤ Obwohl dies keine Vorübungen für die Säulen sind, versuche auch einen Innen- und Außenkreis. Beim Außenkreis wirfst Du die Bälle nicht senkrecht, sondern in einem Bogen nach außen. Jeder Ball wird körpernah, also innen, geworfen und körperfern, also außen, gefangen und wieder zur Mitte zurückgetragen. Beim Innenkreis ist es genau umgekehrt. Auch diese Übung solltest Du mit der linken Hand ausgiebig üben, so schwer das auch fällt.

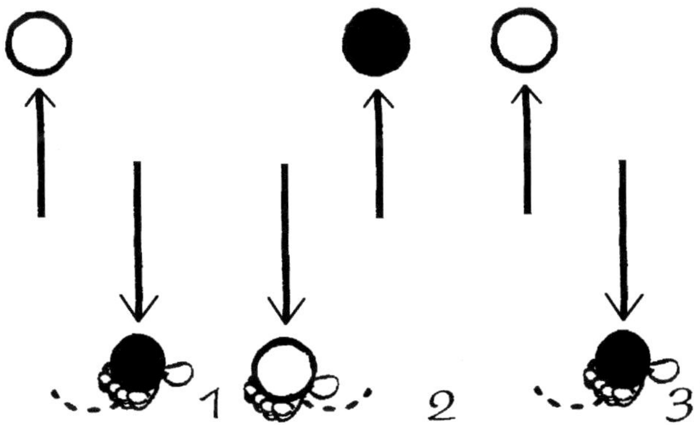

3. Übung

Wenn Du mit zwei Bällen in einer Hand Säulen stellen kannst, so nimm in die linke Hand einen dritten Ball. Du führst nun die vorige Übung aus, wirfst jedoch mit der linken Hand immer dann, wenn Du mit der rechten Hand den äußeren Ball wirfst. Die rechte Hand jongliert mit zwei Bällen, die linke mit nur einem Ball.

➤ Achte darauf, daß alle Bälle gleich hoch fliegen, nur dann sieht der Trick wirklich spektakulär aus. Achte weiters darauf, daß der horizontale Abstand zwischen den Säulen gleich groß ist.

➤ Wenn Du den Trick gut beherrschst, dann übe mit zwei Bällen in der schlechteren Hand. Auch diese Übung ist wichtig, wenn Du mit vier Bällen jonglieren willst.

Jo-Jo und Hantel

Das Jo-Jo ist eine sehr spektakuläre Figur und eigentlich gar nicht so schwer, wie man vermuten könnte. Weil das niemand weiß, wird diese Figur jedoch viel Begeisterung hervorrufen.

Beim Jo-Jo jonglierst Du mit Deiner rechten Hand zwei Bälle in Säulen. Mit der anderen Hand hältst Du einen Ball und bewegst ihn ständig in gleichem Abstand über dem linken Säulenball. Dadurch sieht es so aus, als wären die beiden Bälle mit einer unsichtbaren Schnur verbunden.

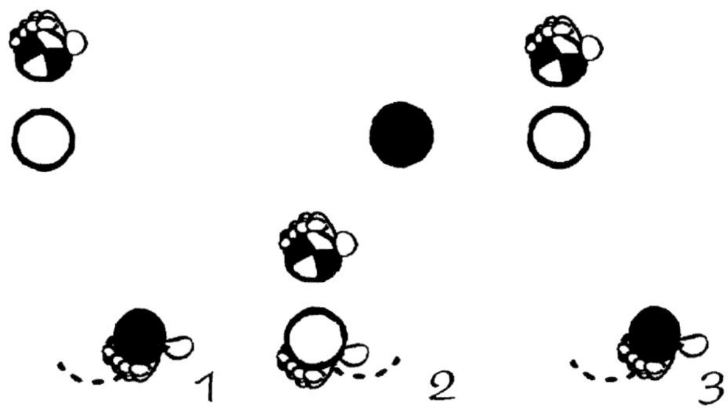

Jonglieren ist nicht nur die Emanzipation der linken Hand, sondern man lernt auch, mit beiden Körperhälften unabhängig voneinander zu ‘denken’. Die Vorübungen zum Jo-Jo geben Dir dazu wieder ausgiebig Gelegenheit.

1. Übung

Jongliere mit der rechten Hand Säulen, die linke Hand hältst Du völlig ruhig. Halte sie zuerst an die tiefste Stelle der Jonglage. Der Abstand der linken Hand zu den Säulen sollte etwa so groß sein wie der zwischen den Säulen. Laß sie einige Zeit dort, und beobachte dabei, ob die Säulen noch sauber jongliert werden.

Wenn das funktioniert, so halte die linke Hand an die höchste Stelle der Säulen und laß sie dort einige Zeit ruhig. Wenn das auch funktioniert, dann denke Dir noch einige Positionen aus, in denen Du die linke Hand halten könntest (auf den Kopf legen, an die Nase greifen, ...). Übe auf jeden Fall auch mit der anderen Hand (d.h. die linke Hand jongliert zwei Bälle).

2. Übung

Nun bekommt die Angelegenheit eine dynamische Komponente. Jongliere wieder rechts Säulen, mit links machst Du nun alle möglichen und unmöglichen Bewegungen, ohne den Rhythmus der rechten Hand zu stören. Du kannst etwa die linke Hand auf- und abbewegen oder von links nach rechts, Du kannst sie am Kopf oder am Bauch kreisen lassen oder im 8er zwischen den Bällen hin- und herbewegen, ...

➤ Achte darauf, daß die Säulen immer gleich hoch geworfen werden und auch in der Breite immer gleich bleiben.

➤ Besonders schwer sind jene Bewegungen mit der freien Hand, die sich entweder im Rhythmus oder in der Bewegungsrichtung von den Säulen unterscheiden.

➤ Vielleicht ist diese Vorübung schwieriger als der eigentliche Trick, aber sie ist auf jeden Fall eine sehr gute Übung.

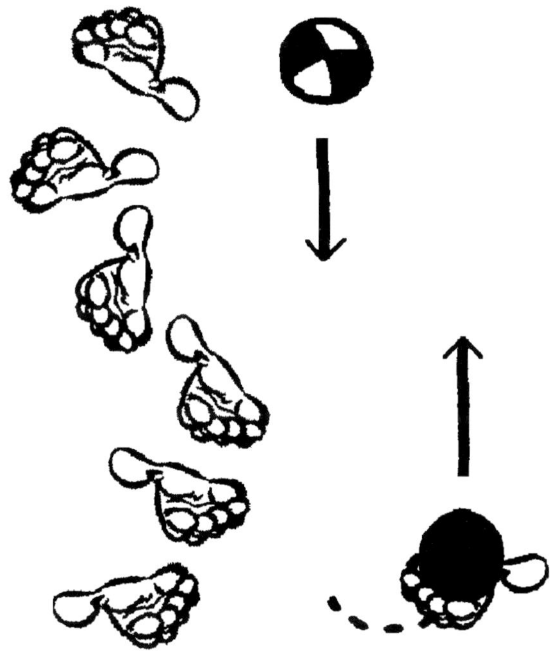

3. Übung (die Hantel)

Diese Übung ist schon eine eigene, sehr gut aussehende Figur. Du nimmst dazu in die linke Hand einen Ball und hältst ihn von oben. Dann jonglierst Du mit rechts Säulen und bewegst den linken Ball im selben Tempo wie den äußeren Ball der Säulen. Dadurch entsteht der Eindruck, als wären die äußeren Bälle mit einer unsichtbaren Stange verbunden.

➤ Achte darauf, daß der horizontale Abstand zwischen den Bällen gleich ist.
➤ Bedenke, daß die Geschwindigkeit der geworfenen Bälle nicht gleichmäßig ist. Sie ist beim Abwurf am größten und am Umkehrpunkt null. Es ist gar nicht leicht, mit der Hand diese Bewegung zu imitieren.
➤ Übe diese Figur auch vor einem Spiegel oder filme Dich. Figuren sehen aus der Sicht des Jongleurs oft anders aus, und Fehler lassen sich dann nicht so leicht erkennen. In diesem Fall betrifft das den Bewegungsumfang des gehaltenen Balles. Oft wird dieser Ball nicht hoch oder tief genug geführt. Manchmal wird er auch nicht exakt senkrecht, sondern leicht schräg nach außen gezogen.
➤ Du kannst den gehaltenen Ball auch mit dem inneren Säulenball synchronisieren oder abwechselnd mit dem inneren und äußeren mitführen.

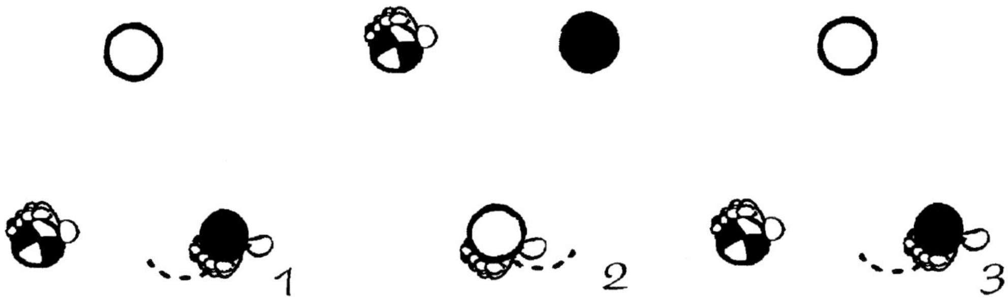

- ➤ Übe auch mit der anderen Hand. Das ist bei dieser Übung wahrscheinlich schwer und unangenehm, ist aber auch eine wichtige Voraussetzung für die 4-Ball-Jonglage.
- ➤ Wenn Du die Hantel links und rechts beherrschst, dann kannst Du sie abwechselnd links und rechts führen. Der mittlere Ball wechselt dadurch nach jedem Wurf die Hand.

4. Übung (das Jo-Jo)

Der letzte Schritt zum Jo-Jo ist recht einfach. Der gehaltene Ball wird in immer gleichem Abstand über dem inneren Säulenball gehalten. Die Säulen müssen etwas niedriger geworfen werden, sonst muß man sich mit dem linken Arm zu sehr strecken.

- ➤ Du kannst den Ball auch unter dem Säulenball halten, so, als würde der obere Ball auf einer unsichtbaren Stange über dem gehaltenen stecken.
- ➤ Übe das Jo-Jo auch mit der rechten Hand und wechsle die Seite, so daß Du das Jo-Jo abwechselnd in der linken und rechten Hand hältst.
- ➤ Du kannst auch mit einer Hand statt Säulen einen Kreis jonglieren und das Jo-Jo somit im Kreis wandern lassen.

Überkreuzende Säulen

Bei dieser Säulenvariation wird der mittlere Ball immer senkrecht als Säule geworfen, die beiden äußeren wechseln bei jedem oder jedem zweiten Wurf den Platz.

Damit die Bälle am höchsten Punkt nicht zusammenstoßen, muß einer der beiden Bälle etwas höher geworfen werden.

Probiere, sowohl den linken als auch den rechten Ball höher zu werfen, und entscheide Dich für die Variante, die Dir am angenehmsten ist.

1. Übung

Nimm zwei Bälle, in jede Hand einen. Wirf beide Bälle gleichzeitig ab, einen etwas höher, so daß die Bälle die Hände wechseln. Du wirst merken, daß es gar nicht so einfach ist, einen der Bälle weniger stark zu werfen. Schließlich versucht man bei den Säulen immer, beide Bälle gleich hoch zu werfen.

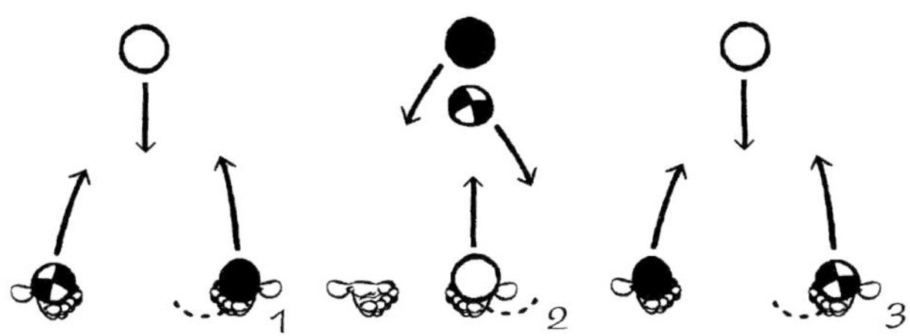

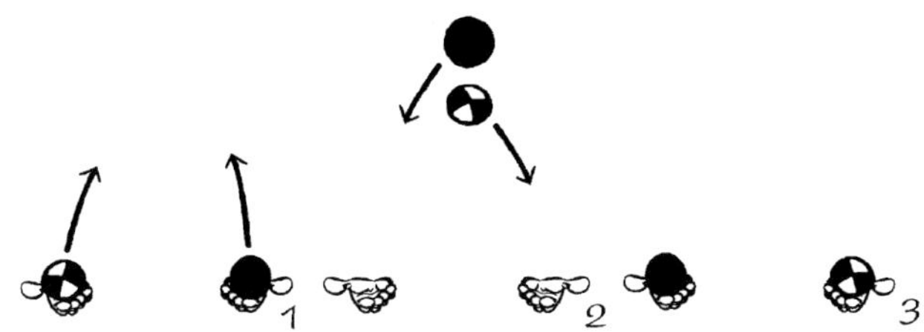

2. Übung

Nimm wiederum zwei Bälle. Diesmal wird jedoch der eine Ball immer senkrecht geworfen, der andere wechselt bei jedem Wurf die Hand. In der Abbildung wird der Säulenball mit der rechten Hand geworfen. Diese hat dadurch doppelt so viel zu tun wie die linke. Probiere daher auch, den Säulenball mit links zu werfen.

Achte darauf, daß der Säulenball (in unserem Fall der weiße Ball) nur mit der rechten Hand geworfen wird.

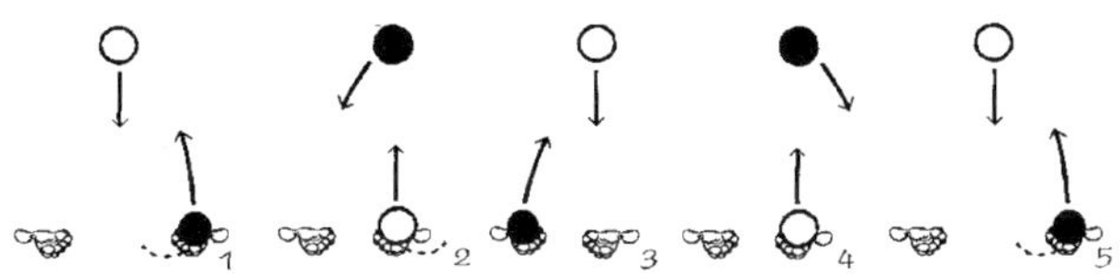

3. Übung

Nach den beiden Vorübungen kannst Du nun daran gehen, die fertige Figur mit allen drei Bällen zu üben. Als zusätzliche Erschwernis kannst Du versuchen, abwechselnd den rechten und den linken Ball höher zu werfen.

Säulentennis

Bei dieser Figur jongliert man zwei Säulen nebeneinander, während der dritte Ball über die beiden Säulen geworfen und abwechselnd links und rechts gefangen wird.

Diese Figur ist vor allem im Sinne der Gleichberechtigung der beiden Hände von Bedeutung, weil sie - im Gegensatz zu den normalen Säulen - gleich viel Arbeit haben. Als Vorübung eignet sich Übung 2 der überkreuzenden Säulen.

Eine Variation zu dieser Übung ist es, den wandernden Ball nicht über beide Säulen zu werfen, sondern von rechts in die Mitte, von dort nach links, von dort wieder in die Mitte und so weiter.

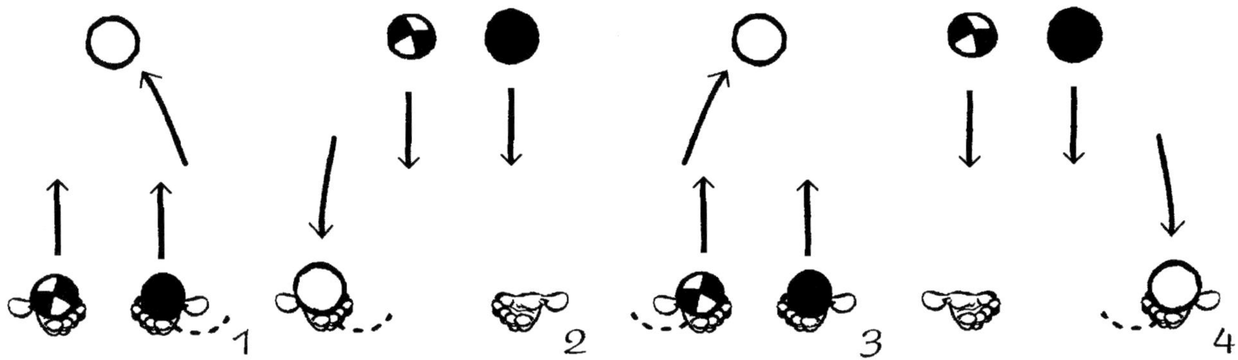

»Taktlose« Säulen

Diese »taktlosen« Säulen sind Säulen im versetzten Rhythmus, d.h. der Ball der linken Hand wird nicht mit dem äußeren Ball der rechten synchronisiert. Der Wurfrhythmus ist daher rechts-links-rechts-Pause. Die Wurffolge ist der Abbildung zu entnehmen.

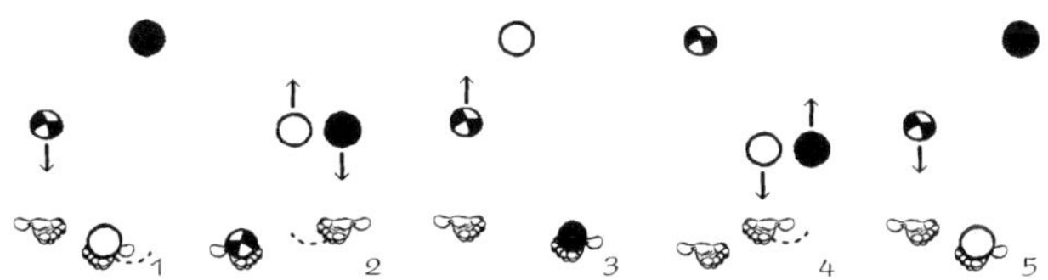

1. Übung

Dieser Trick ist für »taktlose« Menschen vielleicht gar nicht so einfach, daher sollte man die folgenden 2 Vorübungen ausprobieren. Die erste ist eigentlich nur eine Wiederholung. Nimm in jede Hand einen Ball und wirf die Bälle in Säulen im gegengleichen Rhythmus, d.h. wenn der rechte Ball am höchsten Punkt ist, muß der linke Ball am tiefsten Punkt sein und umgekehrt. Der linke Ball wird also erst geworfen, wenn sich der rechte schon wieder abwärts bewegt. Die beiden Bälle sind immer genau in der Mit-

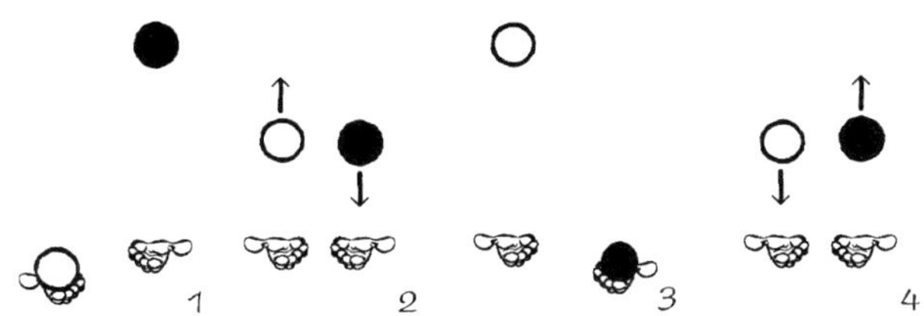

te der Flugbahn auf gleicher Höhe. Der Rhythmus der Fänge ist daher immer gleich. Es ergibt sich also ein gerader Takt, etwa ein Polkatakt.

2. Übung.

Nun wird das Ganze rhythmisch verschoben. Der linke Ball wird immer dann geworfen, wenn der rechte am höchsten Punkt der Säule ist und umgekehrt. Es ergibt sich daher etwa folgender Rhythmus: !!; !!; !!; usw., das entspricht einem ungeraden Takt, etwa einem Walzertakt.

Man kann bei dieser Übung sagen, daß der rechte Ball dem linken etwas voraus ist. Probiere daher auch das Umgekehrte und laß den rechten

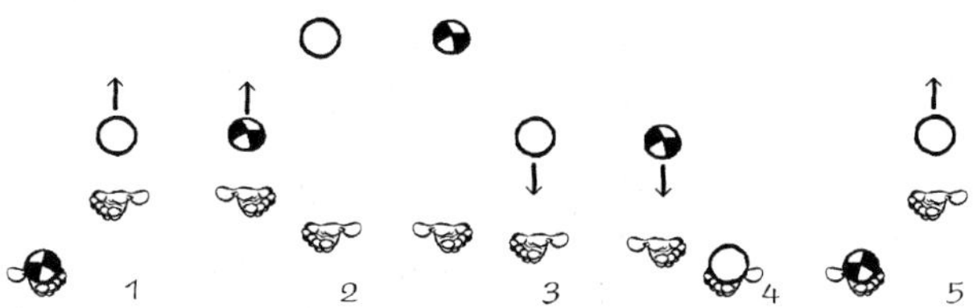

Ball hinten nachhinken. Der Rhythmus muß dabei natürlich derselbe bleiben.

3. Übung

Nun nimmst Du in die rechte Hand den zweiten Ball. Zuerst wirfst Du den äußeren Ball der rechten Hand und dann den inneren in einem normalen Rhythmus, also einfach so, wie Säulen in einer Hand. Der Ball der linken Hand wird kurz nach dem zweiten Wurf – so wie in Übung 2 – abgeworfen. Wenn Du den Rhythmus heraus hast, kannst Du experimentieren und die Reihenfolge der Würfe verändern. Außerdem lassen sich im Prinzip alle bisher gezeigten Säulenfiguren auf dieselbe oder ähnliche Weise rhythmisch umkrempeln – es ist alles nur eine Übungsfrage.

Säulen mit Tragen

»Maschine«

Es gibt viele Jonglierfiguren, bei denen das Schwierigste ist, die Figur erst einmal in ihrem Ablauf zu verstehen (siehe auch Mills' Mess). Diese Figuren sind dementsprechend schwer zu erklären – am besten probiert man sie einfach aus. Dazu gehört auch diese Figur. Sie ist allerdings eine der effektvollsten überhaupt.

Die Voraussetzung für das Erlernen sind die Hantel und das Krallen. Wenn der gehaltene Ball den höchsten Punkt erreicht hat, wird er nicht – wie bei der Hantel – wieder nach unten bewegt, sondern (siehe Abbildung auf Seite 94) nach rechts getragen. Die Zeitdauer für diese Bewegung ist genauso lange, wie der andere Ball (in diesem Fall der weiße) zum Fallen benötigt. Wenn der schwarze Ball den höchsten Punkt erreicht hat, wird der getragene Ball rechts fallen gelassen, und die freie lin-

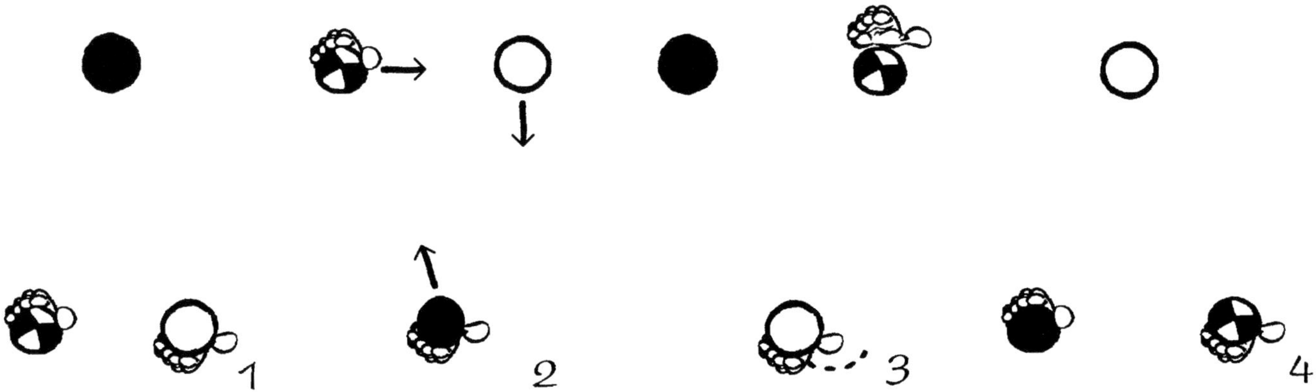
1
2
3
4

ke Hand krallt den fallenden schwarzen Ball. Danach wiederholt sich das Ganze.

1. Übung

Jongliere Säulen in der rechten Hand. Wirf dann nacheinander beide Bälle nach links und jongliere dort die Säulen weiter. Diesen Bewegungsablauf hast Du immer dann, wenn Du den getragenen Ball rechts fallen läßt.

Wirf die Bälle wieder in die rechte Hand zurück und führe die Übung nochmals durch. Achte darauf, daß immer alle Würfe gleich hoch sind.

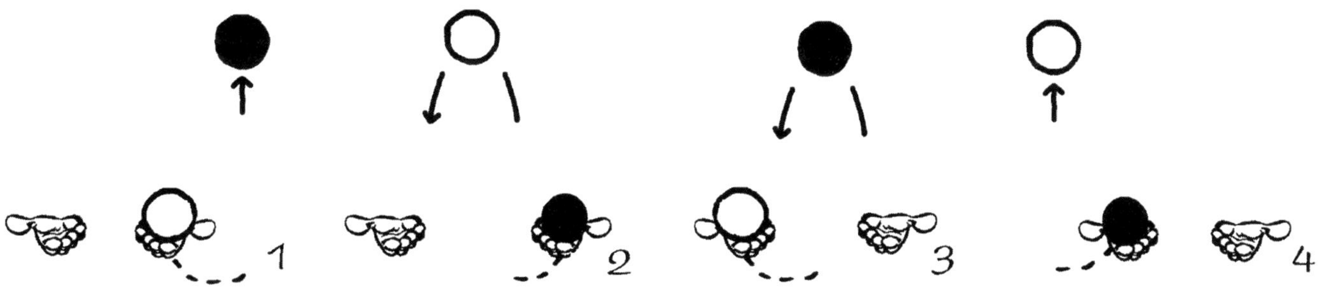

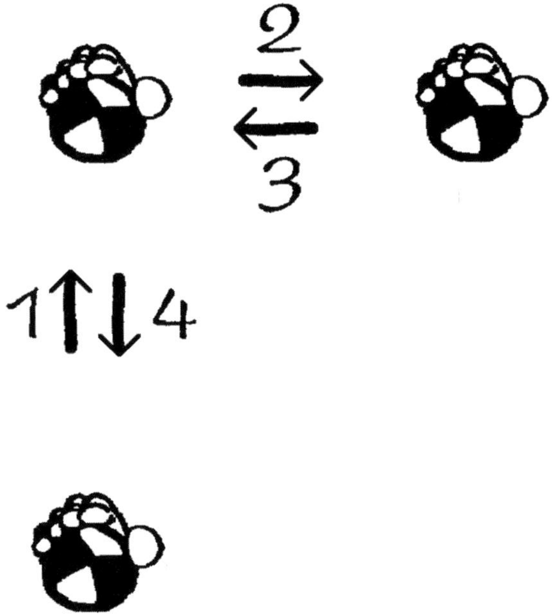

2. Übung

Nimm nur einen Ball in die linke Hand und zeichne in der Luft folgende Bewegung nach: führe den Ball senkrecht nach oben, dann waagrecht nach rechts, wieder waagrecht zurück und zurück in die Ausgangsposition. Die Bewegung ähnelt einem kopfstehenden L. Achte darauf, daß alle vier Bewegungen gleich schnell ausgeführt werden.

3. Übung

Übe nochmals ausgiebig die Hantel. Achte darauf, daß sich der linke, geführte Ball immer völlig synchron mit dem rechten Säulenball bewegt.

4. Übung

Kombiniere nun die einzelnen, vorher geübten Teile. Jongliere mehrmals hintereinander die Hantel. Mache dann mit dem gekrallten Ball in der linken Hand die Bewegung wie in Übung 2.

- ➤ Achte darauf, daß die horizontale Hin- und Herbewegung gleich schnell ist wie die vertikale Hinauf- und Hinunterbewegung. Die meisten Leute »verstolpern« sich taktmäßig bei dieser Bewegung.
- ➤ Die Bälle wechseln nicht die Hände. Der gekrallte Ball bleibt immer in der linken Hand und beschreibt das kopfstehende L, die rechte jongliert immer die Säulen.

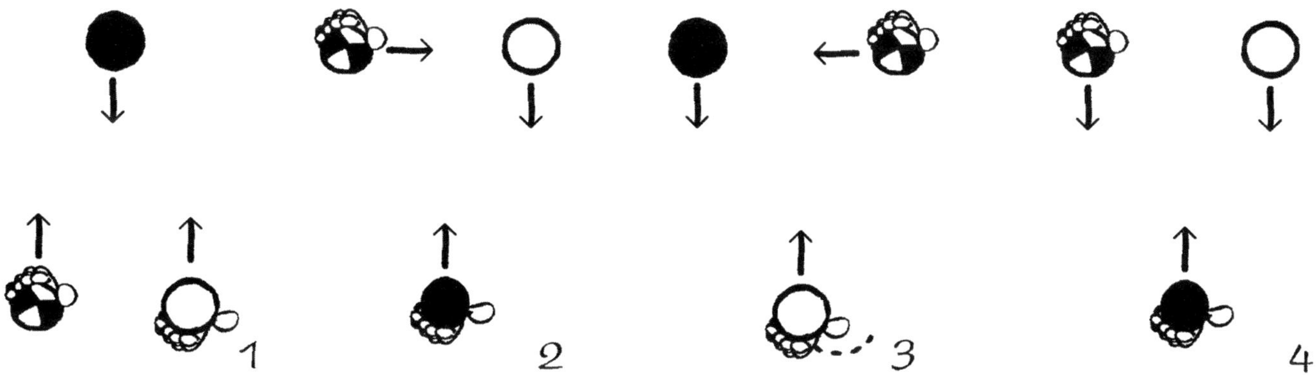

5. Übung

Jetzt mußt Du »nur« noch Übung 1 einbauen, damit Du zum fertigen Trick kommst. Wenn Du den Ball horizontal nach rechts getragen hast, läßt Du ihn fallen. Dieser Ball wird der neue rechte Säulenball. Den linken Säulenball mußt Du nun mit der linken Hand krallen, wenn Du sie in die Ausgangsstellung zurückbewegst.

➤ Bei diesem Trick wird Dir die Simulation auf der Diskette eine große Hilfe sein.

➤ Die linke Hand hat eine 3-Takt-Bewegung: 1. senkrecht hinauf, 2. waagrecht nach rechts, 3. zurück in die Ausgangsposition. Bei der dritten Bewegung wird der neue Ball von oben gekrallt.

➤ Probiere zunächst immer einige Hantelwürfe und versuche zwischendurch die Maschine einzubauen. „Beruhige" die Jonglage dann wieder mit Hantelwürfen. Laß diese Intervalle immer kürzer werden.

➤ Bei dieser Figur bewahrheitet sich der Satz »Probieren geht über Studieren«. Laß Dich nicht entmutigen, wenn es nicht gleich klappt.

Gelingt Dir dieser Trick letztlich, so wirst Du mit einer sehr effektvollen Figur belohnt.

Entweder gehörst Du zu der Sorte von Leuten, die, bevor sie ein Buch zu lesen beginnen, auch die letzte Seite anschauen, dann herzlich willkommen.

Oder Du hast Dich durch die Tricks in diesem Buch durchjongliert und bist bereits ein Meisterjongleur, dann herzlichen Glückwunsch. Vielleicht bist Du dann inzwischen auch jongliersüchtig geworden. Falls Du Lust auf mehr als drei Bälle hast, treffen wir einander vielleicht einmal in einem anderen Buch?!

Über den Autor

Martin Apolin lebt in Wien und ist seit Jahren begeisteter Jongleur. Als Mittelschullehrer für Sport und Physik hat er vielfach die Gelegenheit, seine Jongliermethoden auch in der Praxis ausgiebig zu testen. Seine Stärke ist das methodische Vorgehen in kleinen Schritten, das auch einen Anfänger nicht überfordert. Für das europäische Jonglier-Magazin Kaskade schreibt er regelmäßig Artikel über Methodik und Biomechanik des Jonglierens.

Todd Strong

Devil Stick – spielend Jonglieren

€ 8,90 · SFr 16,50 · ÖS 123,00
ISBN 3-89535-408-2 · Edition Aragon

Dieses Buch wendet sich an den Anfänger als auch an den Profi des Devil Stick.

EDITION ARAGON

Neumarkt 7 · D-47441 Moers
e-mail: Edition-Aragon@web.de
Telefon 0 28 41 / 1 65 61
Telefax 0 28 41 / 2 43 36

Björn Dinklage / Bettina Bardell

Die Kunst des Einradfahrens

€ 8,90 · SFr 16,50 · ÖS 123,00
ISBN 3-89535-405-8 · Edition Aragon

Das „eine“ Rad ist eine Herausforderung für alle diejenigen Menschen, die spielerisch veranlagt sind und Geduld und Selbstvertrauen haben. Einradfahren verbessert das Orientierungs- und Gleichgewichtsgefühl. Um es zu erlernen braucht es Geduld und … dieses Buch.

EDITION ARAGON

Neumarkt 7 · D-47441 Moers
e-mail: Edition-Aragon@web.de
Telefon 0 28 41 / 1 65 61
Telefax 0 28 41 / 2 43 36